板彫弘法大師像　神護寺所蔵

弘法大師 空海のことば100

行動と教え

福田亮成

法藏館

はしがき

本書は、お大師さまの著作から、心にまかせて選び出した言葉を掲げ、それに私なりの考察を加えたものです。最初は、お大師さまの生涯に合わせて、言葉をならべるつもりでしたが、むずかしく、あきらめることにしました。よって言葉の選定は任意です。かかげました一〇〇の言葉は、緩く、「おもう」、「もとめる」、「であう」、「よろこぶ」の四項目に分類しましたが、深い意味はありません。文章の中で読む言葉は、特にその言葉を取り出して読んでみると、また別の輝きがあり、興味は尽きません。

本書は、真言宗の専門誌である「六大新報」に、二〇〇九年四月十五日から二〇一七年七月十五日にわたり、投稿連載したものです。ときに時局について言及したところがありますが、現在にもかかわるものであり、忘れてはならないことです。さらに真言宗の僧侶を意識しての私の信心を述べているところがありますが、一般の方々には、どうぞご容赦下さいますことをお願いします。

真言宗の僧侶の方から、お大師さまの教えを説くのはむずかしいとはよく聞くことですが、それは私も常に思っているところです。たとえば、お大師さまの言葉を一つ選んで、それを説法の発端としたり、結論にしたりするのも、一つの方法ではないでしょうか。

最近、高野山櫻池院住職、近藤堯寛僧正さんは、『空海名言辞典』（高野山出版社、二〇一四年）、『道をひらく空海の言葉』（リベラル社、二〇二〇年）、そして『空海名言法話全集　空海散歩』全十巻（筑摩書房、二〇一七～二〇二三年）を刊行されました。お大師さまの言葉が、広く解放されております。すばらしいことです。あわせて手に取ることを、おすすめします。

本書が、お大師さまのご誕生一千二百五十年の勝縁をいただき刊行されますことは、真言宗僧侶の一人として、この上ない喜びです。この法縁により、さらにお大師さまの御心にせまっていくように精進するつもりです。

そして、神護寺様には、口絵に板彫弘法大師像を掲げる御許可をいただきましたこと、感謝を申し上げます。

最後に法藏館の編集スタッフの方々、特に編集長戸城三千代さん、そして若い山下愛歩さんには綿密に文章を調えていただき、大変読みやすくしていただきましたが厚くお礼を申し上げたい。感謝しております。

南無大師遍照金剛　　合掌

令和五年一月二十一日

摩尼山房にて　福田亮成識

弘法大師空海のことば一〇〇

——行動と教え——

目次　弘法大師空海のことば一〇〇――行動と教え――

諸《もろもろ》の弟子《でし》らに語《つ》ぐ、およそ出家修道《しゅっけしゅどう》の本《もと》いは仏果《ぶっか》を期《き》す、
いかにいわんや人間《じんかん》の少々《しょうしょう》の果《か》をや　『遺誡』（定七・三九二）　44

真俗離《しんぞくはな》れずというは我《わ》が師《し》の雅言《がげん》なり　『性霊集』第十（定八・一八九）　46

朝《あさ》な朝《あさ》な夜《ゆう》な夜《ゆう》な、衣食《えじき》の奴《やっこ》に労《ろう》し、
年年月月《としとしつきつき》に、恩愛《おんない》の縄《なわ》に繋《つな》がる　『性霊集』第八（定八・一四七）　48

師師伏膺《ししふくよう》して口《くち》に随《した》がって心《こころ》に蘊《つつ》み
弟弟積習《ていていしゃくじゅう》して宗《しゅう》に随《した》がって談《だん》を成《じょう》ず　『弁顕密二教論』巻上（定三・七七）　50

刹《くに》は妙薬《みょうやく》の刹《くに》に均《ひと》しく
人《ひと》は不変《ふへん》の人《ひと》に同《おな》じからん　『性霊集』第七（定八・一〇九）　52

始《はじめ》あり、終《おわり》あるは、これ世《よ》の常《つね》の理《ことわり》なり。生《しょう》ある者《もの》は必《かなら》ず滅《めっ》す、
すなわち人《ひと》の定《さだ》まれる則《のり》なり。　『性霊集』第八（定八・一四二）　54

貧道帰朝《ひんどうきちょう》して多年《たねん》を歴《ふ》といえども
時機未《じきいま》だ感《かん》ぜざれば　広《ひろ》く流布《るふ》すること能《あた》わず　『性霊集』第九（定八・一七六）　56

もとめる

心《こころ》暗《くら》きときは、即《すなわ》ち遇《あ》う所《ところ》　悉《ことごと》く禍《わざわい》なり
眼《まなこ》明《あきらか》なるときは、則《すなわ》ち途《みち》に触《ふ》れて皆《み》な宝《たから》なり
『性霊集』第八（定八・一三七）　72

御《ぎょ》する人《ひと》なければ遠《とお》きに致《いた》すこと能《あた》わず
柁《かじ》の師《し》なければ深《ふか》きを越《こ》ゆること能《あた》わず
『性霊集』第十（定八・一九一）　74

某乙《それがし》、法縁《ほうえん》に限《かぎ》られて、
星奔《せいほん》して訴曳《そえい》することあたわず
『高野雑筆集』巻上（定七・一〇四）　76

自仏《じぶつ》を顕証《けんしょう》せんがための故《ゆえ》に、勤《つと》めて三密《さんみつ》の観《かん》を勤修《ごんしゅ》し、
他《た》の衆生《しゅじょう》のための故《ゆえ》に、普《あま》ねく行願門《ぎょうがんもん》を修《しゅう》す
『平城天皇灌頂文』（定五・二二）　78

過《とが》をなす者《もの》は暗《くら》く福《さいわい》をなす者《もの》は明《あきらか》なり、
明暗倶《めいあんとも》ならず、一《いち》は強《つよ》く、一《いち》は弱《よわ》し
『性霊集』第八（定八・一五三）　80

貧道《ひんどう》、黙念《もくねん》せんが為《ため》に　去月十六日来《きょげつじゅうろくにちきた》って　この峯《みね》に住《じゅう》す
『高野雑筆集』巻下（定七・一二七）　82

我《わ》れ今《いま》いかんが淤泥《おでい》に貪恋《とんれん》して　正行《しょうぎょう》を起《お》こさざらん
『秘密三昧耶仏戒儀』（定五・一六六）　84

であう

境《さかい》は心《こころ》に随《したが》って変《へん》ず、心《こころ》垢《けが》れるときは境濁《きょうにご》る。心《こころ》は境《きょう》を逐《お》って移《うつ》る。
境《きょう》閑《しずか》なるときは心《こころ》朗《ほが》かなり、心境《しんきょう》冥会《みょうえ》して道徳《どうとく》玄《はるか》に存《そん》す。
『性霊集』第二（定八・二一）　162

それ蟭螟《しょうめい》は、大鵬《たいほう》の翼《つばさ》を見《み》ず　蝘蜓《えんてい》何《なん》ぞ難陀《なんだ》が鱗《うろこ》を知《し》らん
『秘蔵宝鑰』巻中（定三・一三一）　164

譬《たと》えば線《いと》をもって花《はな》を貫《つらぬ》きて　乱《みだ》さず堕《おと》さざるがごとく
かくのごとく、よく教《おし》えの線《いと》をもって人天《にんてん》の花《はな》を貫《つらぬ》きて三途《さんず》に乱堕《らんだ》せず
『金剛頂経開題』（定四・八四）　166

先師《せんし》に聞《き》けり、色《しき》を孕《はら》む者《もの》は空《くう》なり。空《くう》を呑《の》む者《もの》は仏《ほとけ》なり。
『性霊集』第八（定八・一三一）　168

仏日《ぶつにち》の影、衆生《しゅじょう》の心水《しんすい》に現《げん》ずるを加《か》といい、
行者《ぎょうじゃ》の心水《しんすい》よく仏日《ぶつにち》を感《かん》ずるを持《じ》と名《な》づく
『即身成仏義』（定三・二八）　170

妄心《もうしん》流転《るてん》とするを即《すなわ》ち衆生《しゅじょう》染汗《ぜんま》の身《み》と名《な》づけ
開発《かいほつ》照悟《しょうご》するを即《すなわ》ち諸仏《しょぶつ》の清浄《しょうじょう》法身《ほっしん》と名《な》づく
『秘密三昧耶仏戒儀』（定五・一六六）　172

それ釈教《しゃくきょう》は浩汗《こうかん》にして際《きわ》なく涯《かぎり》もなし
一言《ひとこと》にこれを蔽《へい》すればただ二利《にり》のみ在《あ》り
『御請来目録』（定一・三八）　174

貧《ひん》を済《すく》うには財《ざい》を以《もっ》てし、愚《ぐ》を導《みちび》くには法《ほう》を以《もっ》てす。
財《ざい》を積《つ》まざるを以《もっ》て心《こころ》とし、法《ほう》を悋《おし》まざるを以《もっ》て性《しょう》とす。
『性霊集』第二（定八・三三）　176

よろこぶ

若《も》し謂《いわ》く衆生《しゅじょう》にまた本覚法身《ほんがくほっしん》有《あ》り　仏《ほとけ》と平等《びょうどう》なり、
此《こ》の身《み》、此《こ》の土《つち》は法然《ほうねん》として有《う》なるのみ
『声字実相義』（定三・四八）　180

星《ほし》のごとく玉《たま》のごとくして黄金《おうごん》の質《しち》なり
香味《こうみ》は簠簋《ふき》に実《み》てるに堪《た》えたるべし
『性霊集』第四（定八・六一）　182

即身成仏《そくしんじょうぶつ》の四字《よじ》を歎《たん》ず　即《すなわ》ち是《こ》の四字《よじ》に無辺《むへん》の義《ぎ》を含《がん》ぜり
一切《いっさい》の仏法《ぶっぽう》はこの一句《いっく》を出《い》でず
『即身成仏義』（定三・一九）　184

少年《しょうねん》の日《ひ》、修渉《しゅうしょう》の次《つい》で、吉野山《よしのやま》を見《み》て南《みなみ》に行《い》くこと一日《いちにち》、
更《さら》に西《にし》に向《む》かって去《さ》ること二日程《ふつかほど》にして一《いち》の平原《へいげん》あり、名《な》づけて高野《こうや》という。
『高野雑筆集』巻上（定七・一〇〇）　200

大同《だいどう》の初年《しょねん》、乃《すなわ》ち着岸《ちゃくがん》することを得《え》て、即《すなわ》ち将来《しょうらい》するところの経及《きょうおよ》び仏等《ほとけとう》、
使《つかい》の高判官《こうはんがん》に附《ふ》して表《ひょう》を修《しゅう》し　奉進《ぶしん》し訖《おわ》んぬ
『高野雑筆集』巻上（定七・一〇七）　202

必《かなら》ず彼比《ひし》の至誠《しせい》によって　すなわち感応《かんのう》を致《いた》す
『高野雑筆集』巻下（定七・一二三）　204

空海《くうかい》、大唐《だいとう》より還《かえ》るとき数々《しばしば》漂蕩《ひょうとう》に遇《あ》いて聊《いささ》か一《いち》の少願《しょうがん》を発《ほっ》す
『高野雑筆集』巻上（定七・九九）　206

ただ空海《くうかい》のみ孑然《けつぜん》として勅《ちょく》に准《じゅん》じて西明寺《さいみょうじ》の永忠和尚《ようちゅうわじょう》の故院《こいん》に留住《るじゅう》す
『御請来目録』（定一・三五）　208

遠《とお》きを柔《なつ》くるの恵《めぐみ》を垂《た》れ　隣《となり》を好《よみ》するの義《ぎ》を顧《かえり》みて
その習俗《しゅうぞく》を縦《ほしいまま》にして　常《つね》の風《ふう》を恠《あや》しまざれ
『性霊集』第五（定八・八〇）　210

少欲《しょうよく》の想《おも》いはじめて生《しょう》じ　知足《ちそく》の心《こころ》やや発《おこ》る
『十住心論』第二（定二・六一）　212

一言用語解説・索引

凡例

・弘法大師空海のことばは、密教文化研究所弘法大師著作研究会編『定本弘法大師全集』（密教文化研究所、一九九一～一九九七年）を底本とした。該当する出典の巻数・頁数は（定八・一八九）のように表示した。

・底本に付された宗門の伝統的な訓みにしたがって訓み下しを使用したが、著者の判断によって訓みを一部改めたところもある。

・また、訓み下し文は、内容によって適宜改行し、句読点などを補い、旧字体から常用漢字へ改めた。

・本文作成に際して、前掲の底本以外に、勝又俊教編修『弘法大師著作全集』（山喜房佛書林、二〇〇二年、第一五版）と、弘法大師空海全集編輯委員会編『弘法大師空海全集』（筑摩書房、一九八三～一九八六年）を参照した。

おもう

道《みち》を学《がく》することは
当《まさ》に衣食《いいし》の資《たすけ》に在《あ》るべし

『性霊集』第十（定八・一八九）

学問をするには、
必ず生活費の補助が必要です。

この言葉に続けて、「その道を弘めんと欲《おも》はば、必ず須《すべか》らくその人に飯すべし」ともいっておられます。現代社会においては教育の無料化が叫ばれていますが、お大師さまは今から一千二百年も前に大きな理想を掲げて「綜藝種智院式」を発表されました。まさしく教育の無料化ということです。そして、このような主張は、大変高邁《こうまい》な次の言葉に裏打ちされていました。「物の荒廃《こうはい》は必ず人による。人の昇沈《しょうちん》は定《さだ》んで道にあり」と。ここにいう物を社会という言葉に置きかえてみると、よく理解できるのではないでしょうか。道とは仏教の教えと、その実践であることは、いうまでもありません。

そして、この国には一つの国立大学のみあって、一般庶民の子弟のための学校がなく、遠方に住み学問をしようとする人びとは、往来に疲れてしまうことから、綜藝種智院の創建を願うようになったといわれています。また、国立大学での教育は、僧侶は仏典のみの勉強にふけり、秀才の若者は仏教以外の学問にかたより、双方の交流がまったくありません。そのため、綜藝種智院では、それぞれに教える能力のある先生を招聘して教育にあたらせる、という構想でした。仏教に基づく綜合大学が意図されていたことは注目されなければなりません。

さらに「その道を弘めんと欲はば、必ず須らくその人に飯すべし。若しは道、若しは俗、或は師、或は資、学道に心有らん者には、並に皆給すべし」とあります。弟子の養成については各宗の祖師方が心血をそそいだことであり、お大師さまもそうであったでしょう。しかし、教育の場を世間に解放しようとした意図は、お大師さまのみのものでした。

朝夕《あさゆう》涙《なんだ》を流《なが》し
日夜《にちや》に慟《いたみ》を含《ふく》むと雖《いえど》も、
亡魂《ぼうこん》に益《えき》なし

『性霊集』第八（定八・一四五）

亡き人に朝夕涙を流し、
日夜に悲しんでも、
亡き人にはなんの利益もないのです。

この文は、天長六年（八二九）七月十八日、お大師さま五十六歳の折に、三島大夫助成の亡息女の一周忌にあたり、法華経・般若心経を書写し、供養を捧げた願文の一文です。亡き人の魂に対し、朝夕に涙を流し、日夜にいたむことは、亡き人の供養とはならない、ということでしょう。

私にも経験があります。母親と娘一人の家族に、母親の死が訪れました。寂しさ悲しみは、いかばかりでしょう。葬儀中、娘さんは声をあげて泣き悲しんでおりました。遺骨を抱いて自宅まで同道しました。深い深い悲しみに打ち砕かれた娘さんの心は、いまだ闇の中でした。やがて納骨の法要があり、母親の遺骨を胸にした娘さんの様子は依然として憔悴《しょうすい》そのものです。法要後の法話の中で、お大師さまのこの言葉を娘さんに差し上げました。

お大師さまは、三島大夫助成という方を、このような言葉で勇気づけられました。身近な人の死は、生きる力をそいでしまうものです。しかし、それをテコとして新しい力強い生活を再生することが極めて大切なことであるにちがいありません。最近、私達のまわりには、いわれのないおびただしい人びとの死を、沈痛《ちんつう》な気持で受け容れざるをえない状況が次々に起こっています。その恐れと、悲しみの心を乗り越えることは、なかなか容易ではありません。早急な心の復興こそが、亡き人びとへの供養となると受け取りなおし、精進していくよりほかはありません。

お大師さまは、また冷静に現実を「逝者は休楽《じょうらく》（仏の世界をたのしむ）し、留《とど》まる人（のこされた家族）は苦しむ」とも述べておられます。

一《ひと》たび鐘《かね》を打《う》たむ声《こえ》ごとに、
当《まさ》に願《ねが》わくば衆生三界《しゅじょうさんがい》の苦《く》を脱《のが》れて
菩提《ぼだい》を得見《とくけん》せしむべし

『性霊集』第九（定八・一七二）

一たび打つ鐘の響きごとに、
それは人びとが三界の苦をのがれ、
安楽な境界を得ることを歌うものです。

真冬の早朝の鐘の声は、一層心に響くものです。小僧時代に、いまだ薄暗い境内に竹ぼうきをもって聞いた鐘（上野、寛永寺）の声を思い出します。夜の闇が薄れ朝の光がようやくやってくるまでの間は、脳のはたらきが活性化し、種々なこと、信心のことどもを考えたものでした。

都会では、早朝の鐘の声に苦情がよせられ、鐘を打つことができません。ですから、立派な鐘楼堂をもっている寺院でも普段はまったく打つことがなく、歳末の除夜の鐘も遠慮しつつ打つありさまです。遠来の鐘といわれますが、確かに遠くから聞こえる鐘の声は、如来の説法のように聞こえますね。

鐘を鋳造するための寄進を願う「紀伊国伊都郡高野寺の鐘の智識の文」には、「しかるに今、金剛峯寺は堂舎幽寂《どうしゃゆうせき》にして尊容（諸仏の像）堂に満ち、禅客《ぜんかく》（修行者）房に溢《あふ》れども、鴻鐘《こうしょう》（大鐘）未だ造らず。今思わく、四恩の奉為《おんため》に七尺の銅鐘を鋳造《いつく》らんとす、然りと雖も道人（出家者と在家者）清乏《せいぼう》にして志《こころざし》有って力無し」とあります。さらに、「生生に如来の梵響《ぼんきょう》（如来の説法）を吐《は》き、世世に衆生の苦声《くしょう》を脱せん」と。はたしてお大師さまは高野山上に七尺の銅鐘の声を響かせることができたのでしょうか。残念ながら現在の高野山の早朝の鐘の声を聞いたことがありませんが、想像しただけでも心がはずみます。

鐘の声を騒音としか受け取ることのできない現代人をなさけなく思います。遠来の鐘の声は、如来の説法なのです。

病人《びょうにん》もし医人《いじん》を敬《うやま》い、
方薬《ほうやく》を信《しん》じて
心《こころ》を至《いた》して服餌《ふくじ》すれば
疾《やまい》、すなわち徐癒《じょゆ》す

『秘蔵宝鑰』巻中（定三・一三八）

病人が医師をうやまい、
処方された薬を信じ、
まじめに飲んでいれば、
病気はたちまち治ります。

この言葉の反対は、「病人もし医人を罵《ののし》り、方薬を信ぜず、妙薬を服せずんば、病疾《びょうしつ》何によってか除《のぞ》くことを得んや」となります。お大師さまは、至極当然のことをおっしゃっています。

最近の国家予算に占める医療費の大きさには驚かされます。日本社会が、まさしく老人社会に突入したことの証拠であるにちがいありません。人間の寿命が延びるのは、それを可能にする力が、その社会にあるわけでしょうが、それは同時に、いまだかつてない高齢化社会をいかに機能させていくか、という大問題を抱えることにもなります。世界の各国が注目しているところです。

さて、人間が高齢化し、それが長期間にわたると、誰もが遭遇《そうぐう》するのは病気です。それは身体のみならず、精神にまでわたるものです。お大師さまも、病気を身病と心病とに分け、「身病多しといえども要は唯し六つのみ、四大鬼業これなり。心病衆《おお》しといえども本は唯し一つのみ、いわゆる無明これなり」と。そして、身病は湯散丸酒、針灸、呪禁をもって除き、心病は仏教の教え、すなわち五蔵《ごぞう》（仏の教え）をもって療すべしと述べておられます。また、病気の弟子に対して、「頭痛及び舌の燗《ただ》るは熱の候なり。呵気《かき》（息をゆるやかにする）を用いて治すれば、則ち除くなり。また冷熱調《ととの》はざるは、薑豉湯《きょうしとう》を服せば除郤《のぞ》くことを得ん。よって母薑《ぼきょう》・豉《し》・呵梨勒《かりろく》等の薬を送る。早く湯となしてこれを服せよ」と、実に具体的な指示をしておられます。薑豉湯とは、しょうがと味噌の薬湯。母薑とは、生しょうがの根。豉とは、味噌、呵梨勒とは、薬となる果実のことです。当時の最良の処方だったのでしょう。

哀《あわれ》なる哉《かな》　哀《あわれ》なる哉《かな》
復《また》、哀《あわれ》なる哉《かな》
悲《かな》しき哉《かな》　悲《かな》しき哉《かな》
重《かさ》ねて悲《かな》しき哉《かな》

『性霊集』第八（定八・一四〇）

哀れであるかな、哀れであるかな、また哀れであるかな。
悲しいかな、悲しいかな、重ねて悲しいかな。

このどうしようもない悲痛な言葉は、最愛の弟子智泉（七八九〜八二五）が、高野山上で天長二年（八二五）二月十四日、三十七歳の若さで滅に入られた時の達嚫の文中にある一文です。同じ文の中に、「哀なる哉　哀なる哉　哀れなる中の哀なり。悲しい哉　悲しい哉　悲の中の悲なり」とも述べておられます。将来を期待していた弟子智泉を失ってしまったお大師さまの悲しみはいかばかりであったことでしょう。お大師さま、五十二歳のことでした。

智泉は、「俗家には我を舅《おじ》と謂う。道に入っては長子なり」、すなわち智泉は、お大師さまの姉の子という関係です。甥《おい》であるといっておられます。そして最初の弟子であり、二十四年間にわたり、かかわりをもっていた人物であったことがわかります。真言教団の実際の旗揚《はたあ》げともいうべき高雄山寺における高雄灌頂にあたり、その運営にかかわる三綱の一員として抜擢《ばってき》されました。すなわち、維那《ゆいな》の役です。維那とは、寺の規則に従い日常の諸事について指図《さしず》する役のことです。実際のところ、高雄山神護寺の境内に佇《たたず》んでみますと、智泉という方がお大師さまの期待を背にしながら活躍されているさまが彷彿《ほうふつ》としてきます。その灌頂に参加された、天台僧の伝教大師最澄さまより智泉に差し出された書簡が残されているのも興味深いことです。

さらに、達嚫文には、「吾れ飢うれば汝もまた飢う。吾楽しめば汝も共に楽しむ」と。まことに、法によって結ばれた弟子と師との関係が如実に表されています。お大師さまの悲痛な泣き声が聞こえてきそうです。

毒箭《どくせん》を抜《ぬ》かずして
空《むな》しく来《きた》る処《ところ》を問《と》い、
道《みち》を聞《き》くとも動《どう》ぜずば、
千里《せんり》を何《いかん》が見《み》む

『性霊集』第十（定八・二〇四）

毒を塗った矢を抜くことなく、
空しく、どこから飛んできたかを問います。
ゆくべき道を聞いても歩まなければ、
どうして千里の先を見ることができましょうか。

私達には、すでに毒を塗った箭（矢）が射られています。誰一人として、その毒からのがれることができません。一刻のためらい迷う余裕もないはずです。早く毒箭を抜きさらなければなりません。しかし、人びとは箭を射た人の姓名や、箭がどの方向から飛んできたのか、その弓はどのようなもので出来ているのか、箭の毛羽はどのような鳥のものかなどを知ることがなければ、その毒箭を抜かないと言い張っている様子です。後半の句は、千里の道も一歩からということでしょう。共に、箭を抜き、一歩を踏み出さなければなりません。

とまれ、仏教という宗教は、私達に単純な行動を求めることに終始するものなのでしょうか。仏教は単純な行動主義なのでしょうか、そうではありません。箭を抜くということ。あるいは一歩を踏み出すということ。そのことは、それで完結してしまうものではなく、その後、はたしていかにして生きていくのかが強く問われることになります。すなわち、それは仏を求めての旅立ちの一歩となりましょう。

お大師さまの主著である『秘密曼荼羅《まんだら》十住心論』は、まさしくその第一歩から始まり、最も深い秘密荘厳の世界へ誘《いざな》うもので、浄菩提心が高まっていく過程を活写したものです。私達が旅することの旅は、仏を求めてといいましたが、いや、仏を背負って仏の道を歩む旅でもあるはずです。仏の実践行であってみれば、無手であるはずはありません。両手に、大智慧と大慈悲とを掲げて歩むものでなければなりません。仏と同じようにです。

身病《しんびょう》を治《ち》するには必《かなら》ず三《さん》の法《ほう》に資《よ》る
一《いち》には医人《いじん》　二《に》には方経《ほうけい》
三《さん》には妙薬《みょうやく》なり

『秘蔵宝鑰』巻中（定三・一三七）

身体の病気を直すには三つの重要なことがあります。
一に医者、二に処方箋、三に薬です。

この一文に次の文が続きます。「病人もし医人を罵《のの》り、方薬を信ぜず、妙薬を服せずんば、病疾何によってか除くことを得んや」と。私は実際にこのような状態の病人を身近に観察することがありましたが、見ている当方が息苦しいものでした。その病人は何より医師を信頼していません。そして看護師のいうことを聞きません。奥さんや、その息子のお嫁さんとおぼしき人も、側にいておろおろしているだけで、ただ病人一人だけが猛り狂っている様子。この人、病気を得て入院し、治療を受けようとしているはずです。しかし、まったく自分の病気と対峙できていないのです。

この人は、聞くところによると、若い頃に自己の努力で事業を立ち上げ、刻苦精励して成功をおさめたということでした。しかし、この人の苦労は肝心なところで少しも生かされていないのではないでしょうか。

たしかに、人間が努力して得られる物事の一つに、世間的な成功をあげることもできるでしょう。しかし、病気になった時、これまで人生の中でかかわった人びとに、感謝の気持が自然とにじみ出てくるような生き方こそ、素晴らしい人生ではないでしょうか。医師に、看護師に、そして家族に対し、いかに広く感謝の気持を向けることができるか。そして、治癒がかなわぬ病気であったとしても、その病気と対決し、立ち向かう心組みができて初めて、自分で自分に感謝の気持ちが起こってくるのではないでしょうか。

人間観察の鋭いお大師さまの言葉として、注意深く受け取ってゆきたいところです。

本《ほん》に背《そむ》きて末《まつ》に向《むか》い
源《げん》に違《い》して流《ながれ》に順《じゅん》ずる

『吽字義』（定三・五九）

本質にそむいて末端を目指し、
本源に立たず流れに従っています。

お大師さまは、独自な密教の教えを展開するにあたり、当時の仏教、すなわち南都仏教に対して強い批判の眼を向けて、次のように言っておられます。「我を益するの鉾《ほこ》を争い募《つの》って、未だ己《おのれ》を損《そん》するの剣を訪《ためら》うに遑《いとま》あらず」（自説に有利にはたらく論点をあらそいもとめ、いまだに自説に批判的な論述を意識する余裕をもっていない）と。このような見解は、入唐以前のお大師さまが仏教を学ぶ過程において感じられたものであったにちがいありません。ここからでも、お大師さまは、ただ学解の人ではなかったことがわかります。お大師さまの五十七歳の著述とされる『秘密曼荼羅十住心論』には、これら南都仏教の徹底的な学びが十分に論じられています。そして、それらすべてが密教の中にすくいとられています。あげてみれば、第六住心、法相宗のごときは、弥勒菩薩の三摩地門であり、これは大日如来の四行の一つであるとしています。また、第七住心、三論宗のごときも、大空三昧を説く文殊菩薩も大日如来を離れて別に智慧があるのではないといい、第九住心、華厳宗のごときは、普賢菩薩の三摩地門であり、大日如来の菩提心の一門であるとしています。

すなわち、どのような主張も争うことなく、おのおのの立場を尊重しつつ、大日如来の普門の教えの中に統一されてしまう、というお大師さまの平等と遍満（普遍）の立場が明確に示されているといえるでしょう。

すべからく「本」を目指し、「本源」に立って考え、「末」に、そして「流」に身をゆだねて相互に批判しあう生き方を、強く拒止されたお大師さまの言葉に注目しなければなりません。

空海《くうかい》、私願契有《しがんちかいあ》って、
暫《しばら》く山門《さんもん》を出《い》でず。
此《こ》の法縁《ほうえん》に限《かぎ》られて
馳《は》せて看《み》ることを遂《と》げず。

『高野雑筆集』巻上（定七・一〇七）

私、空海は時期を定めて修行中ですので、
山門から出ることができません。
そしてこの法の誓いのために、
急いで貴方をお見舞いすることができません。

この手紙には、藤中納言閣下謹空、とありますから、共に困難な入唐を共有することのできた大使、藤原葛野麿《かどのまろ》宛のものであろうと想定されます。どうやら使者が高野山上に居るお大師さまに、藤原中納言が病気で食物のすすまない状況であることが報告されたようです。おそらく病気の悪化を憂いて、お大師さまの上京を依頼したものだったのでしょう。お大師さまはさっそくに弟子達と共に宝前に病気平癒の祈願をこらしたにちがいありません。そして祈念の法力は、遠い近いということに関係なく、「千里すなわち咫尺《しせき》（極めて近い距離）」にすぎず、冥界の神々は善き人を守護するといわれます。どうして公のごとき仁者を助け無いことがありえましょうか、と励ましてから、掲げた文言があります。私（空海）は、私願の誓いがあり、暫く高野山から出られないのです。すなわち時期を定めて修行中です。よって、お見舞することはできないでしょう。

この手紙には、八月二十一日、山僧空海状《しる》し上《たてまつ》る。とありますが、藤原葛野麿は弘仁九年（八一八）十一月十日に逝去されていますから、ここの八月二十一日は、弘仁九年八月二十一日であったと推定されます。お大師さま四十五歳の時のことでした。

弘仁十二年（八二一）九月七日には、「故の藤中納言のために十七尊の像を造り奉る願文」によって、供養を捧げておられます。

京都と高野山との距離は、お大師さまの後半生の生活に、世俗なる世界と一線を画すための理由として機能していったと考えます。

強壮《きょうそう》は今朝《こんちょう》
病死《びょうし》は明夕《みょうゆう》なり

『教王経開題』（定四・九五）

元気にさかんなのは今朝のこと、
病気を得て死ぬのは、明日の夕方です。

無常というものの迅速さを、これほどリアルに、そして端的に述べた言葉を、私は知りません。仏教が少しわかったような気になっていたある時、私には、まったく信心という世界が欠如していることを思い知らされました。ある講演会に参加した折、講師のお一人が開口一番、ここにいる人びとは、すべて今晩十二時に死ぬ、そんな気持ちで聞いてもらいたい、と。この言葉は今でも私の耳に鳴り響いており、消えることはありません。今晩十二時とは、文字通り今晩なのか、三十年後の今晩十二時なのか、どのような人びとにも今晩十二時はやって参ります。私の仏教信心の原点は実にここにあります。

後になって、今晩十二時のことは、解脱上人《げだつしょうにん》のお言葉だとわかりました。『一言芳談《いちごんほうだん》』に、解脱上人云く、「一年三百六十五日は、みな無常にしたがうべき也。しかれば、日夜十二刻は、しかしながら、終焉《しゅうえん》のきざみと思ふべし」と。解脱上人とは、貞慶《じょうけい》（一一五五〜一二一三）のことで、平安末から鎌倉初期にかけて法相宗と戒律の興隆に尽くされた、南都仏教を代表する学僧です。専修《せんじゅ》念仏停止《ねんぶつていし》をうったえた「興福寺奏上《こうふくじそうじょう》」を起草した方であり、さらに『唯識同学鈔』という大著、『愚迷発心集』など、種々なる講式を執筆していて、仏教の民衆化に努力した方でもありました。そんな活躍の底に、今夜十二時が意識されていたことを思います。お大師さまは即身成仏という答えを用意してくださっています。今晩十二時という切羽詰まった状況に自己を置く、そこで考えてみる必要がありそうです。

前生《ぜんしょう》に善《ぜん》を修《しゅう》して
今生《こんじょう》に人《にん》を得《え》
この生《せい》に修《しゅう》せずんば
還《かえ》って三途《さんず》に墜《お》ちなん

『秘蔵宝鑰』巻上（定三・一二二）

前の世に善行を行ったからこそ、
この生に人間として生まれました。
この生に善行を行わなかったら、
再び地獄に墜ちてしまうでしょう。

輪廻転生《りんねてんしょう》の思想は、仏教と共に日本に伝来しました。しかし、今を生きる人びとの意識の中には、輪廻の考え方は薄れてしまっているといっても過言ではありません。仏教がいう解脱とは、まさしくその輪廻からの脱出ということでした。実にリアルではありませんか。私の母は新潟の頸城《くびき》山系の村の出身ですが、子供の頃、食事をしてすぐに身体を横にすると牛になる、と厳しく注意されたことを思い出します。

三・一一の東日本大地震による大津波の光景は、現在ただ今の地獄の恐ろしさを連想させるものでした。地獄の有り様は架空のものでなく、現実社会にはもっと恐ろしい現象が展開しているのです。原発事故は、いまだに収拾されることなく、まったく改善の余地も見い出せないでいますが、これこそ地獄でなくてなんでしょう。

前世において多くの善行を行じたからこそ、今、人間としての生をうけているのです。よってこの生涯のうちに善行を行わなければ、再び地獄に転落してしまう、と。この言葉は、実に人間というものの存在のきわどさをいったものでしょう。

悪い行為をすれば、必ず地獄に堕ちる、という人間が生きることとの基本的なタガが外《はず》れてしまっている昨今、六道輪廻の思想が改めて想起されるべきでしょう。

お大師さまは、『十住心論』の第一住心において「地獄趣《じごくしゅ》」について詳細に述べておられます。第十秘密荘厳住心に至る第一歩として、地獄の観念があることを深く考えてみる必要があると思います。

諸《もろもろ》の弟子《でし》らに語《つ》ぐ、
およそ出家《しゅっけ》修道《しゅどう》の本《もと》いは仏果《ぶっか》を期《き》す、
いかにいわんや人間《じんかん》の少々《しょうしょう》の果《か》をや

『遺誡』（定七・三九二）

諸の弟子達につげよ、
およそ出家修行は、もとよりさとりを目的とするものです。
いうまでもなく、世間の少々の成功をもとめるものではありません。

これは、お大師さま四十歳の弘仁四年（八一三）仲夏晦日の記である、いうところの「弘仁の遺《ゆい》誡《かい》」の一文です。そして、「我が教誡《きょうかい》に違《たが》うは、すなわち諸仏の教えに違うなり。長く苦海に沈んで何《いず》れの時にか脱るることを得ん。また永く共に住して語らず。往き去れ住することなかれ、往き去れ、住することなかれ」という大変厳《きび》しい叱咤《しった》の言葉で結ばれています。

まもるべき戒について、「必らず須らく顕密の二戒堅固に受持して、清浄にして犯なかるべし」とし、三帰・八戒・五戒・声聞・菩薩などの顕戒、比丘・比丘尼などに、おのおの戒があることをつげ、密戒とは三摩耶戒《さんまやかい》のことだとしています。しかし、これらの諸戒は、身三、口四、意三の十善戒にほかならず、それら十に開いたものを一つにまとめれば一心となり、「一心の性は仏と異なることなし」、さらにその一心は、我心、衆生心、仏心に差別なく、この心に住すれば、仏道を修することになるとしています。「これらの戒を奉行《ぶぎょう》して精《くわ》しく本尊の三摩地《さんまじ》を修し、速やかに三《さん》妄執《もうじゅう》を超えて、疾《と》く三菩提を証し、二利を円満し、四恩《しおん》を抜済《ばつさい》すべし」とし、その人こそが菩提薩《ぼだいさつ》埵《た》その人であるといっています。

この遺誡の対象は、近円《こんえん》（具足戒を受けたもの）・求寂《ぐじゃく》（十善戒を受けたもの）・近事《ごんじ》（五戒を受けた在家のもの）・童子（出家を願い、比丘に侍従するもの）などでした。遺誡の書かれた前年の弘仁三年十二月十二日に高雄山寺の開壇《かいだん》で胎蔵灌頂《たいぞうかんじょう》を受けた合計一百四十五人の中に、大僧・沙弥・近事・童子があげられ、初期真言教団のすがたを見ることができるのです。

真俗離《しんぞくはな》れずというは

我《わ》が師《し》の雅言《がげん》なり

『性霊集』第十（定八・一八九）

仏教の教えと世間の道徳とは別のものではないとは、私の師の深い言葉です。

この言葉は、「綜藝種智院式」にあるものです。この式には、お大師さまの教育観がしっかりと論じられており、それは現在の大学教育にそのままの形で了解されるものです。特に、現在、仏教を建学の精神としてすえている仏教大学の傾聴すべきテーマが、すでに平安時代の初期において喚《かん》起《き》されていることは重要です。まず、お大師さまが考えられた人材育成のヴィジョンは、仏教の一つの宗でのものではなく、広く一般社会に大きく視野を拡大させています。

お大師さまの時代には、諸宗、諸大寺で毎年試験を行って、一定数の人の得度を許す制度、すなわち年分度者の制がありました。大同年間において真言宗でも三名の年分度者が許されており、彼らがお大師さまの当面の教育対象だったはずです。そのような状況の中で、綜合大学の開講のためのこの趣意書を発表されました。「綜藝種智院式」の内容は、次のように集約されるでしょう。「一、国立大学に対しての私立大学の創設。二、入学者の対象は一般の人びとに解放。三、仏教学と一般の学問との総合大学を意図したものであること。四、教師も生徒にもすべて経費を給付する。」「真俗離れず」ということの具体化が、ここに見られます。

現代の日本の大学は、社会現象の一つ一つに合わせて組織の改変を繰り返しています。それを肯定する立場からは、展開ということができ、疑問視する立場からは、学問体系の総崩れということもできましょう。今こそ、お大師さまの綜藝の精神を再考すべきです。「物の荒廃《こうはい》は必ず人による。人の昇沈《しょうちん》は定《さだ》んで道にあり」とあるように、まずは人間づくりが教育の根幹であるということです。

朝《あさ》な朝《あさ》な夜《ゆう》な夜《ゆう》な、
衣食《えじき》の奴《やっこ》に労《ろう》し、
年年月月《としとしつきつき》に、
恩愛《おんない》の縄《なわ》に繋《つな》がる

『性霊集』第八（定八・一四七）

毎日毎日、衣食をえるために労働し、
毎年毎年、家族の愛情につながれています。

お大師さまは、時として私達に向かって鋭い戒めの言葉を投げかけます。ここに掲げた言葉もその一つです。文中の「朝朝夜夜・年年月月」とは、毎日繰り返される日常生活、世間的な生活のことでしょう。「衣食の奴」とは、着る物や食べ物の費用を稼《かせ》ぐために、あくせくとこき使われている生き方の人のこと。「恩愛の縄」とは、親子や夫婦などの互いの愛情や情けなどに束縛《そくばく》されているありさまのことにちがいありません。すなわち、人間とはまさしく、それぞれの苦労を強《し》いられ、拘束《こうそく》されて生きているということでしょう。ようするに、このようなことが世間というものの実風景にほかならないのです。

時代が進み、どれだけ近代化され、豊かな生活を享受することになったとしても、このことは消え去るものではないようです。人間に少しの才能があって貧困から解放されている場合があるかもしれませんが、それらはまったく一時的なものにすぎません。経済的な豊かさは、えてして精神的な不安や堕落をもたらすものです。私達僧侶の世界にも世俗的な事柄がはびこり、これらのことと無縁ではありえません。お大師さまの言葉に、「法は人によって弘まり、人は法を待って昇る。……この故に人を謗《ぼう》するはすなわち法なり」とあります。私達は、法の前に身をさらし、ある時には痛烈な警策《きょうさく》の一撃を自身に加えてみることが必要でしょう。

私達は、お大師さまの痛棒《つうぼう》を有難く心に受けて、日々の生活を正していくのでなければなりません。現在、僧侶の存在が強く問われております。おのおのが心を尽くしていくべきでしょう。

師《し》師《し》伏膺《ふくよう》して口《くち》に随《した》がって
心《こころ》に蘊《つつ》み
弟弟《ていてい》積《しゃく》習《じゅう》して宗《しゅう》に随《した》がって
談《だん》を成《じょう》ず

『弁顕密二教論』巻上（定三・七七）

各宗の学者達は、自分の立場を説くのに熱心であって、
真実なるものは心の中に包み込み、
弟子達の学習もただ一つの立場だけを勉強しているだけなのです。

お大師さまは、注釈書を書かなかった方です。諸開題がありますが、それは注釈書ではありません。この文の前に「菩薩、論を造ること、経にしたがって義を演《の》べてあえて違越《いおつ》せず」とあり、さらには「宗に随がって談を成ず」と述べておられるように、顕教の教えは、経の文の解釈や、宗という立場の中での理解に終始している、ということへの批判であって、そうではないお大師さまの拠って立つ密教という立場を鮮明に表現しているということができましょう。

仏の説法は、病に応じて薬を調合するようなもので、病が多種多様であれば処方の仕方も多種多様となり、それは究極的な教えになりえないということです。学者が論を造ることの実際は、経典の文言の示す範囲内でその意味を述べて、あえて逸脱しないようにしているのであって、深いさとりの世界は言語をもって説くことができないというのです。このような当時の仏教界を批判して「我を益《やく》するの鉾《ほこ》を争《あらそ》い募《つの》って、未《いま》だ己《おのれ》を損《そん》するの剣を訪《ためら》うに遑《いとま》あらず」といわれているわけです。

これが、入唐以前のお大師さまが、仏教の全般について学んだ当時の、仏教界の現状だったのではないでしょうか。もう一つ、お大師さまは仏教を弘めるにあたり、還源《げんげん》（本来仏であるという立場）というテーマを掲げておられましたが、その一貫した姿勢がもたらしたものにちがいありません。それは『般若心経』を、大般若菩薩の大心真言三摩地法門《さんまじほうもん》なりと喝破されたことと通底するものでしょう。お大師さまの思想が、三摩地という禅定の奥深くから滲み出ている、と感じられるのは、まさしくこれでしょう。

刹《くに》は妙薬《みょうやく》の刹《くに》に均《ひと》しく
人《ひと》は不変《ふへん》の人《ひと》に同《おな》じからん

『性霊集』第七（定八・一〇九）

この国は平和な仏の国に均しく、
人は大日如来と同じなのです。

時に、弘仁十二年（八二一）九月七日。お大師さま四十八歳の時に、その年の四月三日より八月末日にわたる約五ヶ月をかけて、両部曼荼羅・五大虚空蔵などの二十六鋪の図絵を完成され、天皇をはじめ后妃、皇太子、左右大臣、太政大臣らの列席のもと、お披露目の法要の場に立っておられます。直接に請来された曼荼羅などが「年三六を過ぎて絹破れ、彩落ちて尊容化しなんと欲す」と発願されたものでした。文中に「年三六を過ぎて」とありますが、実に延暦二十三年（八〇四）にお大師さまが入唐し、恵果阿闍梨より曼荼羅を受け取られてから十八年が経過したわけです。さらに「この功業《こうぎょう》を廻して仏恩を報い奉り、国家を擁護《ようご》し悉地《しっち》（さとり）を剋証《こくしょう》せん」と、この法要の目的を宣言なさった後にこの文があります。「妙薬の刹」とは、仏の国のことでしょう。「不変の人」とは、天皇なのかもしれません。いや私達人間であるもののすべて、と受け取りたいと思いますが、大日如来と解することにしたいと思います。

『金剛頂経』では、大日如来を五智の法身如来とします。五智とは、前五識・六・七・八・第九識によって転識得智《てんじきとくち》されたものにほかなりません。そうすると、法身大日如来とは私達人間の理想的な当体ということになります。不変の人の対極に、一方には法身大日如来を、もう一方には私達を配してみると、大日如来が不変の人に、私達も不変の人に、その両方が一枚になる。すなわち、互いに照らし合っている世界を思います。なかなかに妙味のあるお大師さまのお言葉ではないでしょうか。

始《はじめ》あり、終《おわり》あるは、
これ世《よ》の常《つね》の理《ことわり》なり。
生《しょう》ある者《もの》は必《かなら》ず滅《めっ》す、
すなわち人《ひと》の定《さだ》まれる則《のり》なり。

『性霊集』第八（定八・一四二）

ものごとに始めがあり、終りがあるというのは、
世間のありかたの常なることです。
生あるものは必ず滅するということは、
人間の定まっている運命です。

この言葉は誰もが実感できるものです。〝世の常の理・人の定まれる則《のり》〟とは、それに反論できるものではありませんし、私には関係ありません、と言い逃れることなど、まったくできないものです。しかし、日常生活の種々《くさぐさ》に取り紛れ、いつのまにか遠いこと、他人事《ひとごと》のようになってしまっているのが、現実でしょう。このたびの東日本大震災、大津波、あるいは原発事故は、人間の日々の営みを瞬時に粉砕してしまいました。世の常の理、人の定まれる則なり、と諭《さと》すというよりは、激烈な自然のパワーによって、あるいは制御不可能な放射能の恐怖によって、人の死という事実が地球規模の形となって現れ出たということでしょう。

今、私達は人間の死というものを深刻な現実として突き付けられています。私達は、その現実をどのように乗り越えていったらよいのでしょう。人間は、青年も壮年《そうねん》も老人も共に死に向かっての日々を生きている、ということができましょうが、いやそうではなく、死を背中に、この一日をどのように生きていくべきか、と問うべきではないでしょうか。

お大師さまは天長九年（八三二）八月二十二日、高野山万燈会の願文において「虚空《こくう》尽き、衆生《しゅじょう》尽き、涅槃《ねはん》尽きなば、我が願いも尽きん」という大誓願を高く掲げられました。実に大師五十九歳のことです。このお大師さまの大誓願は、今を生きる私達にも平等にそそがれているものでしょう。

私達、真言宗末徒は、そのお大師さまのあたたかな御心を、どのように受け取っていくべきか、が最も大切なことであるはずです。

貧道帰朝《ひんどうきちょう》して
多年《たねん》を歴《ふ》といえども
時機《じき》未《いま》だ感《かん》ぜざれば
広《ひろ》く流布《るふ》すること能《あた》わず

『性霊集』第九（定八・一七六）

私は日本に帰ってきて、
大分時間が経過しましたが、時と人とが一致せず、
密教経論がいまだ世間に流布していません。

この文は、「諸の有縁《うえん》の衆《しゅう》を勧《すす》めて秘密《ひみつ》の法蔵《ほうぞう》を写《うつ》し奉《たてまつ》るべき文」の一文です。幸いに、「弘仁六年四月一日」の記がありますから、お大師さま四十二歳の時に発せられたものとわかります。お大師さまは、三十四歳の時にはすでに帰朝されているので、十年ほど経過していることになります。この文の趣旨は、次の文によって明確です。「今機縁《きえん》の衆《しゅう》のために読講宣揚《どくこうせんよう》して仏恩《ぶつおん》を報《ほう》じ奉らんと欲う。しかれどもなおその本多からず。法流擁滞《ほうりゅうようたい》（さえぎられている）す」とあるがごときです。お大師さまは、帰朝後約十年の状況を考えてみられて、まず密教関係の資料がいまだ日本の仏教界にゆきわたっていないという現実に直面されていたことがわかります。この書簡には、「秘密の法蔵合わせて三十五巻」のリストと、その原本とが添えられていたはずです。ちなみに、その三十五巻とは、『大日経』七巻、『金剛頂大教王経』三巻、『金剛頂瑜伽中略出念誦経』四巻、『大日経疏』二十巻、『菩提心論』一巻のことのようです。いずれもが、お大師さまの著作に縦横に引証されるものばかりです。

さらに、「ここをもって弟子の僧康守《こうしゅ》・安行《あんぎょう》等を差《つかわ》して彼の方に発赴《ほっふ》せしむ」ともあるので、遠方の旅にたくみな弟子達を、遠くへ派遣したようです。『高野雑筆集』の巻上によると、同趣旨の文が、陸州の徳一菩薩、下野の広智禅師（天台の円仁の師）、甲州の藤原太守、常州の藤原使君らにまで送られていたようです。それが関東にまで及んでいたということです。この時期、伝教大師さまが関東に旅をしておられることは興味深いですね。

生《せい》の苦《く》、死《し》の苦《く》、老《ろう》の憂《ゆう》、病《びょう》の痛《つう》、
貧《ひん》の苦《く》、財《ざい》の苦《く》、八苦《はっく》我《わ》れを迫《せ》めて
三途《さんず》吾《われ》を煮《に》る

『平城天皇灌頂文』（定五・一九）

生・死・老・病の苦しみ、うれい、いたみ。
そして、まずしさの苦しみ、財にまつわる恐れ。
これらの八つの苦しみが、地獄の炎《ほむら》となって私を煮ます。

仏教にいう苦とは、普通、生・老・病・死の四苦と、愛別離苦・怨憎会苦・求不得苦・五陰盛苦の四苦を合わせたものです。

この文では、生の苦、死の苦、老の憂、病の痛、貧の苦、財の苦の六苦をあげて、ほかは略していますが、八苦とありますから、それらが前提となっているにちがいありません。また四苦の外に、貧の苦、財の苦とありますが、実際には求不得苦《ぐふとっく》をいったものにちがいありません。

そして、この文の前に、「十二因縁は輪転《りんてん》して絶えず、五蘊《ごうん》八苦は幻現《げんげん》して休まず」（定五・一九）とありますから、この四苦、八苦の全体を意識されたものでしょう。

お大師さまのご生涯を憶《おも》いますと、種々なる困難にぶつかり悩んでおられます。（一）家が傾き二人の兄が逝《い》ってしまったこと。（二）沙門への転進について、道にもとり、忠孝にそむくものであると批判されたこと。（三）仏性が内からもよおし、悟りを求めて、どのような路に進むべきか悩んだこと。（四）入唐にあたり、海上に二ヶ月有余をただよったこと。（五）師僧恵果阿闍梨の遷化に遭ったこと。（六）帰国直後に政治的な混乱があったこと。（七）弟子智泉の入滅に遭ったこと。（八）比叡山の最澄さまとの問いにおいて、弟子や借覧資料をめぐっての不和があったこと。（九）金剛峯寺創建の困難であったことなど、ほかにも数え上げることができます。

ご生涯にわたる困難を前にして、苦しみ、悩まれたことがあったにちがいありません。しかし、お大師さまの歩かれた路は、堂々《どうどう》としていて、まったく遅滞《ちたい》することがありませんでした。

俗家《ぞくけ》にはこれを賀《が》して酒会《しゅえ》す。
方袍《ほうほう》何事《なにごと》をか是《ぜ》なりとせん
如《し》かじ、目《め》を閉《と》じ端坐《たんざ》して
仏徳《ぶっとく》を思念《しねん》せんには。

『性霊集』第三（定八・四三）

（四十歳になれば）在家の人びとは祝い酒宴をもよおすようですが、出家の人びとはどのようにしたらよいのでしょうか。目を閉じただひとりすわって仏徳を考え思うことにしましょう。

この句は、「中寿感興の詩」の中の一句です。中寿とは四十歳のことで、世間では人間四十歳になると酒席を設けてお祝いをするようですが、方袍（裟裟）、すなわち僧侶は、どのような仕方でお祝いをしたらよいのでしょうか、と自問し、答えて、ただ姿勢を正してすわり、仏の徳を思念するだけです、と述べておられます。そしてさらに続けて、「文殊讃仏法身礼」という四十行の頌があり、それを夜通し繰り返し誦することによって、真実を感得し通達しました、と、いっておられます。文章はわかりやすいのですが、その深い意味を悟るのが難しいので、人びとのために一百二十にわたる礼文を四角と円との二図に作り、注釈書を撰述しました、と述べておられます。

残念ながら、お大師さまが四角と円との一百二十にわたる礼文を図画して、その注釈書を撰したそれは、残っていません。しかし当時、伝教大師最澄さまが、さっそくに弟子を遣わされて、これらの備覧を依頼されていたことが明らかです。

当時の四十歳という年齢は、現代ならば古稀の七十歳頃と考えられますが、どうでしょうか。

ちなみに、法身礼の円図が『弘法大師全集』第四輯（密教文化研究所、一九六五年、増補三版、八三九頁以下）に「法身三密観図」として掲載されていますので応見して下さい。それがお大師さまの作図されたものであるかどうかは、判断できかねます。また、法身礼は、不空訳の『大聖文殊師利菩薩讃仏法身礼』一巻（『大正』二十巻）にある偈文を指していますが、近年、そのサンスクリット原典が発見され、大正大学より刊行されています。

道《みち》は自《みず》から弘《ひろま》らず
弘《ひろま》ること必《かなら》ず人《ひと》による

『付法伝』第一（定一・六七）

教えはみずから弘まることはありません。
弘まるのは必ず人によってです。

ここでの道とは、まさしく仏道の道でしょう。その道を歩いていくのは人間にほかなりません。日本文化は、道の文化ともいわれます。茶道・花道をはじめ剣道・柔道において「道をきわめる」というように、そこに奥深い世界のあることを想定しています。

さて、道は人によって弘まる。その弘めた人とは、「七箇の大阿闍梨耶あり。上、高祖法身大毘盧遮那如来より、下、青龍の阿闍梨に至るまで、嫡々相続して今にいたるまで絶えず、これすなわち如来加持力の致す所なり。法の最上なるものここにおいて見えたり」と述べられています。私達は、それにお大師さまを加え、さらに数えきれないほどの阿闍梨さまを加えることになります。その法に浴している私達は、まずそのことを感謝しなければなりません。

また「法は人によって弘まり、人は法を待って昇る」とあります。これは、私達の側によりそっていわれたものにちがいありません。実に仏教に基づく人間性の高まりは、法に依らなければならないとの道理でしょう。さらに、如来の加持力によってこそ人間が仏であるということの完成がもたらされることになるはずです。

道は人が歩かなければ、雑草が生えて見えなくなってしまうものです。人は道がなければ踏みまどうものです。人が歩いてこその道であり、道は目的地に人を導いていくものです。「法をば諸仏の師と名づく。仏はすなわち伝法の人なり。一句の妙法は億劫にも遇いがたく。一仏の名字は憂曇《うどん》の喩にあらず」とありますが、まことに貴いことです。

任重《にんおも》く人弱《ひとよわ》くして
夙夜《しゅくや》に陰《かげ》を惜《おし》む

『性霊集』第五（定八・八一）

責任は重く、私は弱く、
早朝より夜に至るまで、
時を惜しんで努力するだけでした。

これは、「福州の観察使に与えて入京すの啓」の一文です。夙夜とは、朝早くから夜おそくまでのことで、陰は寸陰のこと。責任は重く、しかし人間は弱い。よって早朝より夜おそくまで、わずかの時間を惜しむ、という意味です。

困難な航海の末に、やっと唐の赤岸鎮に到着しましたが、地方役人がいぶかり船を封鎖し、乗員のすべてが浜辺に捕えられている状況の中で、お大師さまが大使の藤原葛野麿《かどのまろ》になり代わり草した「大使、福州の観察使に与うるがための書」が威力を発揮し、いよいよ大使一行は長安への長い旅が許されることになったわけです。しかし、どうしたことでしょう。お大師さまお一人が入京を許されなかったのです。そこで、今度は、ご自身のために草されたのが、この文章です。

留学の任期は二十年、尋ね求める教えは大乗である、として、この文章が続きます。大きな期待と不安の中で思わぬアクシデントに直面されたお大師さまの、まさしく憔悴《しょうすい》の言葉でした。「伏して願はくは彼《か》の弘道《こうどう》を顧《かえり》みて、入京することを得せしめよ。然らば則ち早く名徳《めいとく》を尋《たず》ねて速《すみ》やかに所志を遂げん」と。

その後のことは、『御請来目録』に聞くことにしましょう。「空海去《い》んし延暦廿三年をもって、命を留学の末に銜《ふく》んで（命令されて）、津を万里の外に問う。その年の臘月《ろうげつ》（十二月）長安に到ることを得たり。（中略）ここにすなわち諸寺に周遊して師依《しい》を訪い択《えら》ぶに、幸い青龍寺の灌頂阿闍梨、法の号恵果和尚《いみなけいか》に遇うてもって師主となす」と、すばらしい出会いが待っていたのです。

性薫《しょうくん》我《われ》を勧《すす》めて還源《げんげん》を思《おもい》とす。
径路《けいろ》未《いま》だ知《し》らず、
岐《ちまた》に臨《のぞ》んで幾《いく》たびか泣《な》く。

『性霊集』第七（定八・一〇八）

内なる仏がもよおして本来の仏であるもとに帰ろうと思いたちましたが、そのゆき道筋をいまだ知ることができずに、いくたびか迷い苦しみ泣いたことでしょう。

この一文は、「四恩《しおん》の奉為《おんため》に二部の大曼荼羅を造す願文」にみえるものです。文中に弘仁十二年（八二一）の記があることから、お大師さま四十八歳の時に書かれたもののようです。実に、お大師さまが『三教指帰《さんごうしいき》』を執筆されたのが二十四歳。一修行者としての明け暮れを経《へ》て、三十一歳の入唐留学生として歴史に浮上された、約七年半ほどの空白の時代を語った言葉であると推定されます。

自身に深く内在している仏性が、だんだんと私をうながして、本来仏であるところへ帰るべく心を向けているとはいえ、その道筋《みちすじ》に迷いに迷って、岐《ちまた》、すなわち俗世間と聖なる世界とのはざまに立って、どれほどの涙を流したことであろう、というほどの意味でしょう。

「岐《ちまた》に臨んで幾たびか泣く」の涙は、迷いに苦しんだ、苦しみの涙でした。しかし、それにつづく文章は、「精誠感《せいせいかん》あってこの秘門を得たり」、つまり、なやみ苦しんだあかつきに、秘門（密教）の教えを得ることができた、「文に臨《のぞ》んで心昏《くろ》うして赤縣《せきけん》（中国）を尋《たず》ねんことを願う。人の願いに天順《したが》いたもうて大唐《だいとう》に入ることを得たり」とあります。

お大師さまの空白の七年半は、入唐し、帰国後の大活躍を逆投影するならば、豊饒《ほうじょう》の七年半といい換えたほうがよいように考えます。

お大師さまの苦渋《くじゅう》の涙を尊いものと思うのは、私だけではないはずです。

もとめる

逝者《せいしゃ》は化《け》して金剛《こんごう》の躬《み》となり
留人《とどまるひと》は変《へん》じて如意《にょい》の身《み》とならん

『性霊集』第七（定八・一二〇）

亡き人は法身智慧の身となり、
留まる人は宝珠慈悲の身となるでしょう。

この文は、「知識の華厳会のための願文」の中の一文です。華厳経一部八十巻を写して法会を催して、供養し、講演したが、重ねて華厳会を催すことが、いまだになされていない。先の約束のように、出家と在家の方々をはげまさなければなりません、と。

この法会の目的は、近くは滅罪生善のためと、命終後には末世の喜捨をあつめ積みあげ、そして近隣の人びとに提唱し、出家と在家の方々を、「絲を合せて綵《つな》と成し、塵《ちり》を聚めて山とす」ということであったようです。

文中に、弘仁十一年（八二〇）、大師四十七歳の時に発せられた願であるとのことです。そして、この法要の目的については、「この白業（浄業）をもって四を答し奉らん」とあり、この四とは、四恩、すなわち、父母・国土・衆生・三宝の恩のことでしょう。

高徳の僧が発願された華厳会の目的は、世間の人びとに向けられたものでした。亡き人は、金剛の躯、金剛智慧の身となりますように。留まる人は、如意の身、宝珠慈悲の身となりますように。その願いが証明されたものでしょう。

私達が現在、僧としてとりおこなう祭儀の目的も実はここにあるにちがいありません。

心《こころ》暗《くら》きときは、
即《すなわ》ち遇《あ》う所《ところ》悉《ことごと》く禍《わざわい》なり
眼《まなこ》明《あきらか》なるときは、
則《すなわ》ち途《みち》に触《ふ》れて皆《み》な宝《たから》なり

『性霊集』第八（定八・一三七）

心が落ち込んでいるときは、遇うものことごとくがわざわいに見え、心が明るいときは、みな宝に見えます。

この言葉は、お大師さまご自身の生涯をとおした深いうなずきをもって説かれたものではないでしょうか。私のように浅い人生をおくっている者にも、重く聞こえてくる言葉です。

人間、自分の人生のすべてを明るく過ごせる人など、いないのではないでしょうか。もし、いるとすれば、暗闇の中を黙々と生きてきた過程で、努力して明るさを摑み取った人ではないでしょうか。才能にまかせて得た幸福、他人《ひと》から与えられた幸福は弱い、といわれますが、本当のことでしょう。幸福であるという拠り所を経済的なことだけに置いたり、あるいは社会的な出世ということに置いたりしても、自分を死の面前にすえてみたときに、それが何の拠り所になりえましょう。経済的な裕福さ、あるいは、社会的な成功者は、えてして傲慢という醜い煩悩のとりこになっていることが多いのです。「遇《あ》う所悉く禍《わざわい》なり」という所以《ゆえん》でしょう。暗闇の生活であっても大日如来の大慈悲心の光明を導き手として精進してゆく、そこに「途に触れて皆な宝なり」という世界が開顕されてゆくはずです。

お大師さまは、青年期に七年の空白時代がありました。「弟子空海、性熏《しょうくん》我を勧《すす》めて還源《げんげん》を思《おもい》とす。径路《けいろ》未だ知らず、岐《ちまた》に臨んで幾たびか泣く」と、その苦しかった頃を思い出しておられます。生きていく道をいまだ知ることなく、種々な問題にぶつかり、幾たび泣いたことであろうか、と。人生の岐路にあたり悩みに悩んだお大師さまの生《なま》の言葉として、この言葉を読んでみます。一点の光明に導かれたお大師さまを思います。

御《ぎょ》する人《ひと》なければ
遠《とお》きに致《いた》すこと能《あた》わず
柁《かじ》の師《し》なければ
深《ふか》きを越《こ》ゆること能《あた》わず

『性霊集』第十（定八・一九一）

御者がいなければ、遠くまで行くことはできません。
船頭がいなければ、深い河を渡ることはできません。

お釈迦さまの呼び名の一つに調御士《ちょうごし》というものがあります。五頭立ての馬車（五体）をうまくコントロールすることのできる人ということです。

私達の人生にも、正しく生きるための、「御する人」「柁の師」が必要です。人間関係が極めて薄くなっている現在、強くその開係性を取り戻すことが、大きなテーマとなってきているようです。考えてみますと、自分が判断して行為することの多くは、他人《ひと》との関係性の中から判断されるようです。

特に、厳しいスポーツ界のアスリートにとって、まさしく、コーチ・先輩達は「御する人」「柁の師」ということができましょう。毎日の新聞紙上にも、柁となるべき人が見い出せます。長い人生の中で培ってきた生きかたから発せられる言葉は、珠玉のそれです。世間には、目標とし学ぶべき人びとがたくさんおられます。

宗教にかかわる世界に生きている人にとって、「柁の師」の存在は決定的でしょう。お大師さまが僧侶の生活規範を述べられた『三昧耶戒序《さんまやかいじょ》』に、「三世を達観するに、皆は是れ四恩なり」と。まさしく、それが柁の教えではないでしょうか。「自然に一切の悪を離れて、一切の善を修し、自他の衆生を饒益《にょうやく》す」とも述べておられます。四恩とは、父母・衆生・国土・三宝（仏・法・僧）のことです。私を生んでくれた父母、私以外のすべての生きとし生けるもの、今生きている国・国土、そして仏教の教えの、四つのお陰のことです。

某乙《それがし》、法縁《ほうえん》に限《かぎ》られて、星奔《せいほん》して訴曳《そえい》すること
あたわず

『高野雑筆集』巻上（定七・一〇四）

私は時期を定めての修行中なので、流星のように速やかに参上して、弔問することができません。

お大師さま在世当時の真言宗の拠点は、高雄山神護寺、東寺、そして高野山金剛峯寺でした。東寺は都のそばで、もっぱら教学研究や対外折衝《せっしょう》の場に適しています。高野山は最初から修禅の地でした。そして、神護寺は居住の処でしょう。東寺を中心として、神護寺と高野山の位置を考えてみると、そこにおのおの適する弟子を配し、真言教団の展開・発展を期していたことがうかがえます。

伝教大師最澄さまが拠られた比叡山は、山上より都が望見できるのに対して、高野山は深山幽谷で、都からは途絶したところにあります。京都から高野山への距離は、世間と出世間の距離としてなかなかに微妙な意味があるように思われます。

その高野山へ、都から離れて登ろうとしておられるお大師さまに、さまざまな言葉が投げかけられました。当時を代表する宗教者であり、中国の新しい知識を充分に身につけた文化人であるお大師さまが、都を離れて高野山に登ることを、多くの人びとが残念に思ったにちがいありません。貴方は、どのような気持で深く険しい深閑の山に入られるのでしょうか。登るにも苦しく、降るのも難しい、そんなところにどうして行くのでしょう。それに、山中にどのような楽しみがあるのでしょうか。場合によっては飢え死にするかもしれません。

このようにいう人びとにたいしてお大師さまは強烈な言葉をかえされます、「汝が日は西山に半ば死したる士なり。汝が年は半ば過ぎて尸《しかばね》の起てるがごとし」と。世俗と一線を画すお大師さまの立場が鮮明です。

自仏《じぶつ》を顕証《けんしょう》せんがための故《ゆえ》に、
勤《つと》めて三密《さんみつ》の観《かん》を勤修《ごんしゅ》し、
他《た》の衆生《しゅじょう》のための故《ゆえ》に、
普《あま》ねく行願門《ぎょうがんもん》を修《しゅう》す

『平城天皇灌頂文』（定五・一二二）

自心仏をあらわし証明するために、
私の身・口・意が、仏の身・口・意と一つになるという観念を深め、
ほかの人びとのために、
あまねく利益の行を修するのです。

大乗仏教の宣言は、「一切衆生悉有仏性」という言葉に尽きてしまいます。それは、生きとし生けるものすべてに仏となるべき可能性を示唆《しさ》したものです。すべての生きとし生けるものを救済してやまない誓願を掲げた菩薩の信仰とあいまって、すべての生きとし生けるものに平等に、成仏ということが解放された、ということができましょう。

お大師さまは、永い時間にわたって修行した結果、速疾に、そして即身に成仏することを述べられました。生きとし生けるものに、仏性を、如来蔵《にょらいぞう》を認めるということを前提として、「自仏を顕《けん》証《しょう》せんがために」とあるように、自身に自仏の存在を告げておられます。実に具体的ではありませんか。すなわち、仏が自身の内におわすということでしょう。よく、成仏の可能性ということがいわれますが、すでに私達には一人一人に自仏（自心仏）がおわすのであって、三密観によってその自仏をあらわし証明する（顕証）といっておられます。このことは、『即身成仏義』において充分に了解しうるところでした。

次に「ほかの衆生のために」、すなわち、生きとし生けるもののために、「行願門」、すなわち救済のための利他行を行う、といっておられますが、それらは、三密の観にもとづくものでなければなりません。三密の観とは、日常生活の場にまで及ぶものでなければなりません。その顕証のために、多くの人びとに種々なる場面、種々なる手段をもって働きかけることでなければなりません。自仏が立ちあがってくる、そのことこそが顕証ということではないでしょうか。

過《とが》をなす者《もの》は暗《くら》く
福《さいわい》をなす者《もの》は明《あきらか》なり、
明暗《めいあん》皆《とも》ならず、
一《いち》は強《つよ》く、一《いち》は弱《よわ》し

『性霊集』第八（定八・一五三）

あやまちをする人の心は暗く、
さいわいをなす人の心は明るい。
必ずしも明暗は一つにはなりません。
一つが強ければ、もう一つは弱いのです。

一人の人間、その人の善い面のみを集めてみれば、善人です。また、一人の人間、その人の悪い面のみを集めてみれば、悪人でしょう。絶対なる善人、絶対なる悪人などありえないのが道理でしょう。しかし、そこに強い意志を加えてみますと、主体的な善人・悪人が出現してくるでしょう。私達の心が、相待世界《そうたいせかい》にいるかぎり、善なる側に、あるいは悪なる側に、ゆれ動いていることになります。世にいう道徳律や倫理観などでは、そのゆれ動きを克服できないようです。そのようなことを、私達はいくつも経験しているのではないでしょうか。

私は、先の大戦にかかわりませんでしたが、戦前の仏教書を見ると、有名な仏教学者が戦争を礼讃《らいさん》し、若者を戦場にかりたてる国策の中で、おそらくは心中には戦争には反対しながら権力者の前に跪《ひざまず》いていることを、意外と思うのは私だけではないはずです。仏教を心の支柱にすえている僧侶が諸手《もろて》をあげて戦争に協力している姿には、なさけなくなってきます。ことほどさように、社会の状況によって道徳律や倫理観、あるいは仏教までもが、簡単に崩れ去ってしまうもののようです。

私の師僧は、戦場へおもむくことはありませんでしたが、駅から寺まで行列をつくって多くの戦死した人びとの遺骨を安置し、供養の読経をささげたことを、戦争協力への心の痛みとともに話していたことを思い出します。戦争となることを、それ以前に阻止できなかったことへの痛恨の思いだったのでしょう。

私達はもっと自身の信心の世界を点検していかねば、と思います。

貧道《ひんどう》、黙念《もくねん》せんが為《ため》に
去月十六日来《きょげつじゅうろくにちきた》って
この峯《みね》に住《じゅう》す

『高野雑筆集』巻下（定七・一二七）

私、空海は、瞑想するために、
去月十六日に高野山にやって来て、住しています。

お大師さまの後半生の重要な事業に、高野山開創ということがあります。「山の状《かたち》たらく、東西は龍《りゅう》の臥《ふ》せるが如《ごと》くして東流《とうりゅう》の水有り、南北は虎の踞《うずく》まるが如くして棲息《せいそく》する（住む）に興《きょう》有り」と描写される高野山は、若き修行者の時に、すでに確認されていた場所でした。

お大師さまは、唐よりの帰国の途中に、「空海、大唐より還《かえ》るとき、数々《しばしば》、漂蕩《ひょうとう》に遇《あ》いて、いささか一の少願を発す。帰朝の日、必ず諸天の威光を増益《ぞうやく》し、国界を擁護《ようご》し、衆生を利済せんがために、一の禅院《ぜんいん》を建立《こんりゅう》し、法に依って修行せん」と記されています。この誓願が高野山開創につながっていることは重要です。さらに「本誓を遂《と》げんがために、いささか一の草堂を造って、禅法を学習する弟子等をして法に依って修行せしめむ」ともあります。

弘仁七年（八一六）六月十九日に紀伊国司を通じ高野山の下賜を上表し、七月八日に勅許を得られました。そして弘仁八年（八一七）八月には、弟子の実恵・真然・智泉・泰範らが派遣され準備に入り、お大師さまは、どうやら弘仁九年（八一八）十一月十六日に山上の人となったことがわかります。お大師さま四十五歳のことでした。さて、この草堂は、高野山上のどこに建立されたのでしょうか。現在、金剛峯寺のある場所でしょうか。どれほどの規模《きぼ》のものだったのでしょうか。弘仁十年（八一九）三月十日に、高雄山寺より「銀鈎《ぎんこう》拌に土物《どぶつ》」が転送されたといい、お大師さまの使者の葛生《かっせい》という人物が、高雄山からやって来て、この使者は、さらに太宰府に赴いたようで、お大師さまは何人かの遠方に旅する弟子をもっていたのでしょう。

我《わ》れ今《いま》いかんが
淤泥《おでい》に貪恋《とんれん》して
正行《しょうぎょう》を起《お》こさざらん

『秘密三昧耶仏戒儀』（定五・一六六）

私は今どうして
煩悩の泥におぼれて、
成仏への心を起こさないのでしょうか。

大乗仏教思想が最も深く到達した教えは、本来成仏ということではないでしょうか。すべての人びとは共通して仏性・自性清浄心・如来蔵を有している、ということと、菩薩の大誓願は生きとし生けるものすべての救済に向けられている、ということです。これによって、内からも、外からも成仏ということの可能性が完全に満たされたことになりました。それは、ただ成仏にかかわることのみではなく、法の遍満性、平等性が詳細に論じられてもいます。しかし、これらは実に観念的であるというそしりを免れません。本来成仏ということも同様でありましょう。

お大師さまは、本来成仏ということを実に具体的に述べられております。すなわち、六大ということの無礙即《むげそく》、四曼ということの不離即《ふりそく》、三密ということの加持即《かじそく》というごとき、体《たい》・相《そう》・用《ゆう》にわたります即《そく》ということです。そしてこの三即をまとめた重重帝網即《じゅうじゅうたいむうそく》をあげ、大日如来と我が身との即身ということを徹底しておられます。特に六大について、それを五大と識大であると定義されました。いうならば、人間としての私達の存在そのものが六大ということでしょう。その六大については、『大日経』と『金剛頂経』の二経よりおのおの偈文をあげられ、根拠としておられます。そして、この二つの偈文の内容は、実に縁起観を述べたものでした。ここでそれを論ずる余裕はありませんが、即身とは、身に即してと読むのではなく、即の字をはさんで仏即身、すなわち法身大日即我身と解すべきではないでしょうか。このことを前提として、ここに掲げた言葉を考えるべきです。私達真言宗僧侶の最も重要な課題であるにちがいありません。

経《きょう》を読《よ》み仏《ほとけ》を礼《れい》しては
国家《こっか》の恩《おん》を報《ほう》じ、
観念坐禅《かんねんざぜん》しては
四恩《しおん》の徳《とく》に答《こた》う

『秘蔵宝鑰』巻中（定三・一三五）

お経を読誦し、仏を礼拝して、
国家の恩に報じ、
観念坐禅して四恩（両親・衆生・国家・仏宝）のおかげに感謝します。

現代では、恩とは古くさいものとして話題にされないようです。「仰げば尊し、我が師の恩」という卒業式にうたわれる歌も、絶えて聞くことがなくなってしまいました。

私は仏教を教えていただいた、すべての先生とお別れしてしまいましたが、今、しみじみと恩師のお陰を思い出しています。四恩とは、すべての人びとがすでに荷負《かふ》しているものです。よって人が生きてゆく目的は、その報恩謝徳にありましょう。

お大師さまは、「仏経を講演して四恩の徳を報ずる表白」の中に「この身は虚空より化生《けしょう》するにあらず、大地より変現するにあらず。必ず四恩の徳に資《たす》けられてこの五陰《ごおん》（色・受・想・行・識）の体《たい》を保つ。いわゆる四恩とは、一には父母、二には国王、三には衆生、四には三宝なり。」と述べ、おのおのの恩を説明しておられます。

この四恩の教えは、『大乗本不生心観経』報恩品（般若三蔵訳）にその典拠をもとめるものです。特にそこでは、二として国王と述べていますが、お大師さまは国王を国家といい換えておられます。特に国家について、「それ国を建て職を設け、君を樹《た》て民と御《おさ》むるゆえんは、本、天下を宰して君主に供し、海内《かいだい》を屠《ほふ》って臣佐に給せんがためにあらず。まさにもって天下の父母と与《とも》んじて万人の塗《と》炭《たん》を漉《すく》わんがためなり。」（『秘蔵宝鑰』巻中、十四問答中の第六問答）と述べておられますが、まったく同感です。

法身《ほっしん》何《いず》くんかある
遠《とお》からずして即身《そくしん》なり
智体《ちたい》いかんぞ、
我《わ》が心《こころ》にははなはだ近《ちか》し

『性霊集』第七（定八・一一七）

仏はどこにおわすのか、
遠いところではなく、あなたの身体の内におられます。
仏の教えはどうでしょう、
それは私の心の中にあり、はなはだ近くにあります。

密教が教える真実とは、何か具体的なあるものがあって、それがこの世に具現するわけではなく、人間というものの人格を通してこそあらわれるのではないでしょうか。お大師さまは恵果阿闍梨より法を相承されたのですが、それは、恵果阿闍梨という人格に具現された法の真実であったわけです。むろん、授けられた教えや真言や印契などは、恵果阿闍梨の温かな血の流れにのせられて伝えられたにちがいありません。

さて、法身大日如来は真実の具体的な表現です。

大日如来は五智の宝冠を頭頂にのせています。大日如来は五智の当体です。五智とは私達の身・心のうえに獲得されるべきものですし、ようするに、私達の最も理想的な完成されたありかたにほかなりません。よって大日如来とは、私達の内に実現されているものであり、絶対に私達を離れて別にあるものではないのです。

『性霊集』の第一に「遮那《しゃな》は阿誰《たれ》号《がな》ぞ　本これ我が心土なり」とあります。

お大師さまは、恵果阿闍梨についてその人となりを「貧を済《すく》ふに財《ざい》を以《もっ》てし愚《ぐ》を導《みちび》くに法《ほう》を以てす。財《ざい》を積《つ》まざるを以て心とし、法《ほう》を慳《おし》まざるを以て性とす」といっておられます。それは恵果という人格にあらわれた法以外の何ものでもありません。

よろしく汝等《なんじら》二三子《にさんし》ら
つらつら出家《しゅっけ》の本意《ほんい》を顧《かえり》みて、
入道《にゅうどう》の源由《げんゆ》を尋《たず》ねよ

『性霊集』第九（定八・一八二）

君達よ、よくよく出家ということの意味を振り返り、
出家したことの深い理由を考えてみなさい。

お大師さまの最初の拠点となりました高雄山寺《たかおさんじ》、いまやその場所において、あの有名な灌頂がなされようとしています。この灌頂は、伝教大師最澄《さいちょう》さまの要請によるものでした。さっそくに寺側で開壇の準備がなされなければなりません。そのために、お大師さまは、「高雄山寺に三綱《さんこう》を任ずるの書」を起草されました。三綱とは寺院を統轄するための三役です。寺衆を統率する上座に杲隣《ごうりん》（七六七～八三七）、堂塔の造営管理をする摩摩帝《ままてい》に実慧《じちえ》（七八五～八四七）、日常の法務万端を指揮する羯摩陀那《こんまだな》に智泉（七八九～八二五）の三人を任命しておられます。この文章は、弘仁三年（八一二）十二月、お大師さま三十九歳の時、いよいよ真言教団をかためるための絶好の機会が到来したことがうかがえる、実に緊張感あふれる文です。

「諸の金剛弟子等に語《つ》ぐ、それ頭を剃り染《せん》を着《ちゃく》するの類は、わが大師《だいし》薄伽梵《ばくがぼん》の子なり。僧伽《そうぎゃ》と呼ぶ。僧伽は梵名《ぼんめい》なり。翻《はん》じて一味和合《いちみわごう》という」と、仏教教団を和合衆という理由が示されています。

次のごとくにもいわれます。「仏弟子はすなわちこれわが弟子なり。わが弟子はすなわちこれ仏弟子なり。魔党はわが弟子にあらず。わが弟子はすなわち魔の弟子にあらず」と、実に厳しい言葉です。

お大師さまを宗祖として仰ぐ私達は、現在ただ今において、この言葉を強く意識しなければなりません。宗団というものの責務《せきむ》は、実にここにあるように思います。このことは私達一人一人の胸に響かせるものであり、宗団を運営する責任ある方々の、最も重要な課題でしょう。弟子達よ、深く深く出家の本意を考え、仏道に入ったわけを絶えず自問自答するべきである、といわれているのです。

空海《くうかい》、葦苕《いちょう》に生《うま》れて躅水《ちょくすい》に長《ちょう》ぜり。
器《うつわ》はすなわち斗筲《としょう》、
学《がく》はすなわち瓫《ほとぎ》を戴《いただ》く。

『性霊集』第五（定八・八三）

私、空海は日本に生まれ、穴のたまり水で成長しました。
器量は小さく、見識はせまい人間です。

この文は「越州の節度使に与えて内外の経書を求むる啓」の中の一文です。末尾に、「元和元年四月日本国求法沙門、空海啓す」とありますから、日本歴の大同元年（八〇六）四月、実にお大師さま三十三歳の帰国直前に草されたものでしょう。

この文には、四つの難しい言葉があります。まず「葦苕（いちょう）」。葦は、あし・よしのことです。苕は、豆の一種の名で、穂とか、高いさまの意味で、豊葦原《とよあしはら》というように日本国の尊称の一つです。インドや中国を旅して帰ってくると、日本は何と緑豊かで、水気が多く、植物が盛んに繁茂している国なんだろうと思います。「躅水（ちょくすい）」の躅は、いもむし、あおむしのことですが、ここでは牛の足跡の濁り水、転じて狭い小さい処のこと。あるいは四国を指しているのでしょうか。次の「斗筲（としょう）」は、斗は十升、筲は二升の米を容れる竹の器、これも小さなものの喩えです。「戴盆（たいぼん）」は、盆《ほとぎ》を戴《いただ》く、すなわち盆を頭上にかざせば天を見ることができないように、見識が狭いことをいったものでしょう。

空海（私）は、日本に生まれ、牛の足跡の、いもむしなどの住む濁り水の中で成長しました。能力は米を容れる竹の器ほど、学は盆を天にかざして何も見えないほどの見識しか持ち合わせていない人間です。なんとも謙遜した自己紹介の言葉です。ほかのところでは、ご自身を「底下の愚人」ともいっておられます。高い唐の文化にふれ、広大な大陸を旅してきた経験が、そのような言葉となって表れたのでしょう。私はむしろそこに、お大師さまの強い自信をみるものです。

もし阿字門《あじもん》に入《い》らば
ことごとく一切《いっさい》の相《そう》を離《はな》る
離相《りそう》の相《そう》は相《そう》として
具《ぐ》せざるということなし

『十住心論』第三（定二・一四五）

生死世界をこえた絶待《ぜったい》の世界に入れば、ことごとく一切のすがたを離れるのです。反転して絶待の世界には、すがたをそなえていないものはないのです。

この文の意味は、もしも阿字の世界に入ったならば、ということを前提として、一切の相を離れるものだとし、一転して、離相の相という立場からは、すべての相を具えていないことは全く無い、ということでしょう。まず「一切の相」ですが、一切世間の縁起の存在は、種々の色・種々の形・種々の相を具えているものであるとし、「離相の相」として、そこに現出しているものは、法身の普現色身であり、そのおのおのに四種曼荼羅を具えている、というのです。

あらためて文意を述べると、私を含めたすべての存在は、因と縁との仮なる関係性による色・形・相として存在しており、それを「離相の相」という立場から凝視したとき、私を含めたすべての存在の色・形・相は、一転して遍くゆきわたっている法身如来の具体身そのものである、というのです。たとえば、『般若心経』の有名な「色即是空、空即是色」という句において、色としてのすべての存在は、仮なる存在であることによって空というよりなく、空という立場から、その仮なる存在自体に空という真実なる世界が具現している、ということでしょう。色から空に至るものと、空より色に至るものとの、百八十度の視点の展開ということです。

仏とは煩悩熾盛の凡夫にこそ宿るものですし、それを離れて仏の存在しうる理由もないのです。世間・出世間という言葉がありますが、世間を離れて出世間があるわけではなく、同じ世間に立つ立脚点の相違にすぎません。お大師さまがいわれる「離相の相」を深く考えるべきでしょう。

衣鉢《いはつ》竭《つ》き尽きて
人《ひと》を雇《やと》うこと能《あた》わず。
食寝《じきしん》を忘《わす》れて書写《しょしゃ》に労《ろう》す。

『性霊集』第五（定八・八四）

お袈裟も鉢もなくなってしまい、
人も雇《やと》うことができず、
食べることも寝ることも忘れて、
ただ経典を書き写すことに没頭しました。

お大師さまは、そのご生涯の内に二つの大きな困難に遭遇《そうぐう》されました。その一つは、入唐時における聖教の書写と収集についてであり、もう一つは、晩年の高野山金剛峯寺の開創についてであろうと愚考します。ここで取り上げたのは、前者についてです。

この文は、「越州の節度使に与えて内外の経書を求むる啓」の一文です。「今見（現）に長安城の中において写し得る所の経論疏等凡そ三百余軸、及び大悲胎蔵・金剛界等の大曼荼羅の尊容、力を竭くし財を涸くして趁《もと》め逐って図画せり」という文の後に続くものです。そして、それらの全成果は、大同元年（八〇六）十月二十二日に朝廷に奏進された『御請来目録』に見ることができます。

お大師さまと、伝教大師最澄さまを含む八人の僧が入唐に成功され、おのおのに「請来の目録」を朝廷に奏進されています。後に天台僧の五大院安然（八四一～？）が、それら八人の方々の請来目録を『八家秘録』なる書物にまとめておられ、一覧するのに大変に便利ですが、なかでもお大師さまの請来の充実ぶりには瞠目するのみです。このような充実ぶりの裏側に、人を雇うこともできず、寝食を忘れて書写に精進されたお大師さまのお姿があることを、有難く尊いものと思わずにはおられません。

友人の橘《たちばなはやなり》逸勢も、「日月荏苒《じんぜん》（むなしく過ぎ去って）として資生（学資金）都《すべ》て尽きぬ。この国の給う所の衣糧僅かにもって命を続ぐ。束脩（先生への謝礼金）読実の用に足らず」と、その窮状を述べていますが、それはまったくお大師さまも同じだったにちがいありません。

もし、本尊《ほんぞん》をもって本《ほん》とすれば、
われをもって影《かげ》となすべし
われをもって本《ほん》とすれば、
本尊《ほんぞん》をもって影《かげ》となすべし

『秘蔵記』（定五・一二八）

もしも、本尊を本とすれば、私が影となり、
私を本とするならば、本尊は影となるでしょう。

この対句は、私達僧侶が日常行っている本堂での勤行の中で、時として去来する想念でしょう。文章としては、端的に対句というよりは、対立節とでもいったほうがよいように思います。ともかく、宗教的体験の中で認識されるような心象につながっていくものであるにちがいありません。この句はさらに、『即身成仏義』の「三密加持《さんみつかじ》すれば速疾《そくしつ》に顕《あら》わる」の頌下に「加持とは、如来の大悲と衆生の信心とを表す。仏日の影、衆生の心水に現ずるを加といい、行者の心水よく仏日を感ずるを持と名づく」とあるように、加持ということの実証を述べたものにちがいありません。そして、さらに「行者、もしよくこの理趣《りしゅ》を観念すれば、三密相応《さんみつそうおう》するが故に、現身に速疾に本有《ほんぬ》の三身を顕現し証得ず」とあります。私達が本尊と対峙《たいじ》した場合、その本尊は、私達すべてに内在している仏の投影にほかなりません。それは、本尊を本とし、われを影とすることでしょう。逆にわれを本とし、本尊を影とするならば、本尊がわれに影現したことになります。『大日経疏』の中に「具体法身」なる言葉があります。大変に興味深いことです。

「三密加持すれば……」と読むのですが、「三密加持して……」とし、仏と行者との間には、すでに加持が現成されているということになりましょう。三密活動とは、如来の働きですが、『即身成仏義』には、衆生の三密なる表現があることに注意しておきましょう。

手に印契、口に真言、心に三摩地という三密相応のありかたを、もっと社会に向けた活動へと積極的に解き放つべきではないでしょうか。

五大《ごだい》の所造《しょぞう》、一心《いっしん》の所遍《しょへん》、
鱗角羽毛《りんかくうぼう》の郷《さと》、飛沈走躍《ひちんそうやく》の県《けん》、
同《おな》じく四生《しせい》の愛輪《あいりん》を破《は》して
共《とも》に一真《いっしん》の覚殿《かくでん》に入《い》らむ

『性霊集』第八（定八・一三〇）

六大によってなるものであり六大の遍在したものであるところの、
一切の生きとし生けるもののすみかに、
同じく四種の生まれ方の生きとし生けるもののとらわれをやぶり、
共に如来の真実なる世界に入ろうではありませんか。

これは、「大夫《たいふ》笠《かさの》左衛佐《さえのすけ》・亡室《ぼうしつ》の為に大日の楨像《ちょうぞう》を造る願文」の末尾をかざる一文です。「楨像《ちょうぞう》」とは、枠《わく》に張り延べた絹に仏像を描いたもので、文中には「大日一印の曼荼羅一鋪五幅」と、具体的に示してあります。時は、天長四年（八二七）五月二十二日、場所は神護寺であることがわかります。お大師さま実に五十四歳のことでした。

さて、文章全体については、ともかくとし、この文について解説を試みたいと思います。「五大」とは、地水火風空のこと。「一心」とは、識のはたらく世界、それらの所造、所遍というのですから、六大すなわち身と識の世界でしょう。つまり、生命全体であるにちがいありません。次の「鱗《りん》角羽毛《かくうぼう》」は、ほかに「牙剣角矛羽裳鱗衣《がけんかくほううしょうりんえ》」とあるので、牙あるもの、角あるもの、羽あるもの、鱗あるもの、というように、この地球上に生息するすべての生類をあげています。それは「四生」、すなわち胎《たい》・卵《らん》・湿《じつ》・化《け》生の生類である、生きとし生けるものが、迷いの世界を共に乗り越えて真実なる仏の世界に入ろうとするのではないでしょうか。

一つの供養の席において生じる功徳は、当の精霊に向けられるべきものですが、お大師さまの意図として、それが、生きとし生けるものすべてにわたるものであると祈誓されているのは、重要なことでしょう。お大師さまの生命観の広大な拡がりを思うとともに「一切衆生悉有仏性」のことをあらためて思うものです。

大方《たいほう》の教海《きょうかい》を決《さく》って
東垂《とうすい》の亢旱《こうかん》に灌《そそ》がんと思欲《おも》う

『性霊集』第五（定八・八三）

密教の教えを掘って、
日照りの日本仏教にそそごうと思います。

この言葉は、お大師さまの入唐の大きな目的を、端的に述べたものです。「大方」とは中国のこと、「東垂」とは東の端の、日本のことです。「決《さく》る」とは掘ること。「灌《そそ》ぐ」とは、その掘った溝に教海（仏法）の水を流し、そして「亢旱（日照り）」の日本にそそぐということでしょう。そもそも日本から中国への遣唐使派遣の目的は、中国の高い文化を日本にもたらし、それを充分に吸収することでした。実際、朝廷の官僚による行政組織は、中国のそれをそのままに移したものでした。お大師さまのもたらしたものは、「大方の教海」、すなわち中国仏教、それもとりわけ密教であったわけです。日本人でありながら高度な中国文化を自己のものとし、その中に起立しているお大師さまは、中国文化や、中国仏教のエッセンスを主体的にセレクトされました。その見識に瞠目せざるをえません。

有名な「綜藝種智院式」に開陳されている、綜藝種智院開設の趣旨には、「大唐の域には、坊坊に閭塾《りょじゅく》（学校）を置いて、普ねく童柑（童子）を教え、県県に郷学（地方の学校）を開いて青衿《せいきん》（学気）を導く。この故に才子城に満ち、芸士国に盈《み》てり。今この華城（平安京）にはただ一の大学のみあって閭塾《りょじゅく》あることなし。この故に貧賤の子弟、津を問うにところなく、遠方の好来、往還するに疲れ多し。今、この一院を建てて、普ねく瞳曚《どうもう》（学童）を済わん。また善からざらんやと」と、あります。すなわち、一般庶民に開放されるべき大学の必要性を強く宣言されたのです。私は、ここに「決《さく》って灌《そそ》がん」とされたお大師さまの精神を見るのです。

時《とき》の人《ひと》の乏《とぼ》しきに逢《あ》って
留学《るがく》の末《すえ》に簉《まじ》わる

『性霊集』第五（定八・八一）

時に欠員ができて、
留学の一員にえらばれました。

この言葉は、お大師さまが七年半の沈黙をやぶって、遣唐使の一員として名を列《つら》ねることになった理由を述べたものです。お大師さまが乗船することになった遣唐使船は、先の船が出発直後に難破したため、再度船団を組み直したもので、お大師さまはその新しいメンバーの一人に選ばれたのでしたが、その理由が「時の人の乏しきに逢《あ》って」というわけです。すなわち、ほかに人がいなかったので、留学生の一人として推挙された、ということでしょう。

後に福州長渓県の赤岸鎮に漂着した折に、大使の藤原葛野麿《かどのまろ》は、同船しているお大師さまに向かって、「切愁の今なり。抑々《そもそも》、大徳《だいとく》は筆の主なり。書を呈せよ」と呼びかけています。ここにも、お大師さまが乗船した理由とおぼしきものがみえています。

困難な遣唐使船の航海には、その無事を願って験者《げんじゃ》としての僧を乗船させる慣《なら》わしがあり、験者としてお大師さまが欠員《けついん》を補《おぎな》うかたちで突然に選ばれたのでしょうか。いや、お大師さまが、「大徳は筆の主なり」と呼びかけられたように、中国語が堪能《たんのう》で文章家であったことからの招聘《しょうへい》だったのでしょうか。

そのようなことより、お大師さまご自身が入唐に強い期待をもち、日々に準備を怠《おこた》ることがなかったからにちがいありません。お大師さまの学びがすでに密教に到着し、さらに新しい本格的な密教というものの全貌が見え隠れしていたのでしょう。恵果阿闍梨の灌頂は、その探究の結論であったということができるのです。

道《みち》は人《ひと》無《な》ければ則《すなわ》ち壅《ふさ》がり
教《おしえ》を演《の》ぶること無《な》ければ廃《すた》る

『性霊集』第十（定八・一九一）

その道は人が歩かなければ、ふさがりかくれてしまうものです。
教えも説く人がいなければ、すたれてしまいます。

一人での山行は、低い山でもしっかりとした道を歩くと安心です。途中にかつて歩かれたであろう雑草の生い茂った道を見ることがありましたが、歩く人が多ければ多いほど道は確固としたものになっていく道理です。

お大師さまは、『秘蔵宝鑰』の序文において次のように言われます。

杳杳《ようよう》たり　杳杳たり　（ひろくとらえがたい　ひろくとらえがたい
甚だ杳杳たり　はだはだ　ひろくとらえがたい
道を云い　道を云うに　教えを伝える道　その道を言うに
百種の道あり　百種もの道があります）

ここにいう道は、仏道にちがいありませんが、私達が歩む人生の道と考えることもできましょう。目標を定めて力強く生きる人には、どんどん新しい堅固な道が出来てくるにちがいありません。

仏道は求める人がいなければ、ふさがってしまうものであり、教えは説くことがなければ廃れてしまうものです。すなわち、単純な道理を述べているわけですが、悟りを求め、教えを伝えることを目途としている人にとって、この言葉は厳しいものです。

歩かない道は雑草で見えなくなってしまうのが道理。それを見極めて精進の道を一歩一歩すすめていかなければなりません。

であう

本心《ほんしん》は主《あるじ》、妄念《もうねん》は客《きゃく》なり。
本心《ほんしん》をば菩提心《ぼだいしん》と名《なづ》け、亦《また》は仏心《ぶっしん》と名《なづ》け、
亦《また》は道心《どうしん》と名《なづ》く。

『一切経開題』（定四・二七二）

本心は主人で、迷心は客人です。
その本心を菩提心と名づけ、仏心と名づけ、
道心と名づけるのです。

政治資金流用疑惑のニュースで報道されている政治家の不正の追及についての答弁は、妄念の上にさらに妄念によってぬりつぶされているようなもので、もはや主《あるじ》である本心がまったく見えなくなっているとしか思えません。「第三の目で厳正にチェックしてもらって」という度重なる発言は、もうまったく自己検証ができないことを如実に示しているといえるでしょう。恐ろしく、みにくいかぎりです。

浄土教において大切にされている「二河白道」の比喩があります。これは中国浄土教の善導《ぜんどう》（六一三〜六八一）によって説かれたものです。そのあらましは、以下のようなものです。

ある人が西に向って歩いていると、その途中に突然、火の河と水の河とが現れます。東岸から西岸に至るそれぞれの河幅は百歩ほどにすぎませんが、南北の際限は見ることができず、底なしです。そして水の河と火の河との間には一筋の白い道があり、道幅はわずかに四〜五寸ほど。その白い道は、たえず水波と火焔とが、洗い流し焼きつくしており、この細い白い道を渡ろうとする人は恐れで一歩も進むことができません。そこにはげましの声が聞こえます。意を決してその人は白い道を渡りきり、西岸の浄土に至ったというのです。

本来成仏というお大師さまの教えは、生死界の迷いが水波・火焔となって、流され焼かれています。私達は、お大師さまのはげましの大声（教え）を背にして、本来の主《あるじ》である菩提心・仏心・道心を自覚しなければなりません。そして、迷いは客なのですから早く去ってもらわなければなりません。

無畏三蔵《むいさんぞう》は、王位《おうい》を脱躙《だっし》し
金剛親教《こんごうしんぎょう》は、盃《はい》を浮《うか》べて
来《きた》り伝《つた》う

『性霊集』第二（定八・三五）

善無畏三蔵は、王位を投げ捨てられ、
金剛智三蔵は、海路中国にやってこられました。

密教の中国への将来においては、善無畏（六三七〜七三五）と、金剛智（六七一〜七四一）の二人が双璧です。両者は共にナーランダの学僧とされており、善無畏は西域地方を通過して七一六年に入唐され、金剛智は海路を経て七一〇年に入唐されました。

その後、善無畏は、中国僧の一行（六八三〜七二七）と共に『大日経』を翻訳し、その注釈書である『大日経疏《だいにちきょうしょ》』を残されました。一方、金剛智は、不空（七〇五〜七七四）を弟子とし、特に『金剛頂経』系のおびただしい経軌を翻訳されました。お大師さまは、不空の弟子の恵果《けいか》（七四六〜八〇五）との劇的な出会いにより、密教の付法《ふほう》にかかわることになりました。お大師さまの付法は「金剛頂」系の、大日如来―金剛薩埵―龍猛―龍智―金剛智―不空―恵果と次第するもので、日本密教では、その七祖にお大師さまを加えて八祖と数えます。

さて、善無畏の弟子となり『大日経疏』を完成させた一行は、四十五歳で早世してしまい、インドにおける密教の動向とあいまって、以後は「金剛頂」系密教が盛大となりました。しかし、内実においては『大日経』系と『金剛頂経』系の密教の融和がはかられ、恵果のレベルでは、それがなされていると考えられています。実際のところ、善無畏がかかわりをもった『大日経』・『大日経疏』には「金剛頂宗」という言葉も見受けられますし、二つの密教の流れを意識しつつ、それらを同時に位置づけることがなされていったにちがいありません。お大師さまの、先の言葉にもそのような深い意味を読み取ることができましょう。

諸尊《しょそん》其《そ》の数《かず》無量《むりょう》なり、
その無数《むすう》の仏《ほとけ》は
則《すなわ》ち一衆生《いちしゅじょう》之《の》仏《ほとけ》なり

『平城天皇灌頂文』（定五・一三一）

諸尊はその数が無量である。
その無数な仏は、私一人の仏でもあります。

これは、〝平等〟ということを説く文の一部分です。すなわち、身語心の三密平等の平等ということであり、法身如来の身語心と私達のそれが平等であるということにちがいありません。このことは、お大師さまの教えの基本となるものです。密教は諸仏菩薩の多様化が一つの特徴といえます。多くの諸仏菩薩が仏・蓮・金の三部に系列化されます。仏とは何んぞや、という問いに、仏とは智慧と慈悲であるという答えが示され、仏陀を中心として、金剛杵（智慧）を手にするもの、蓮花（慈悲）を手にするものとの三尊による表現形式が登場してきます。その三部構成が、胎蔵生曼荼羅《たいぞうしょうまんだら》の中心に位置することになりました。

さて、一衆生の仏とは、仏達のすべてが自心の内に蔵している自心仏のことです。その自心仏が無量の仏と関係を有し、それが平等平等であるということです。それはまるで、私達一人一人の存在が、地球上のすべての人びとと有機的な関係であるということと同じです。

さらに、お大師さまの言葉に「諸仏は遍法界《へんほっかい》の身なれば、わが身、諸仏の身中に在り。わが身、遍法界の身なれば、諸仏の身、わが身中に在り。」とありますが、同じことを述べたものでしょう。私達の一人一人は、法身大日如来に包み込まれ、かつ自立していると受け取ってみると、私達の日常生活の中に蔓延《まんえん》している、人間に関するおびただしい差別や区別が、本来正しくないものだという視点を定めて生きること、それが、どうしようもない差別の現実を打ち破る唯一の方法であるにちがいありません。

虚空《こくう》尽《つ》き、衆生《しゅじょう》尽《つ》き、
涅槃《ねはん》尽《つ》きなば
我《わ》が願《ねが》いも尽《つ》きん

『性霊集』第八（定八・一五八）

自然世界も尽き、生きとし生けるものたちも尽き、
仏の教えも尽きてしまった時に、私の願いも尽きるでしょう。

これは、「高野山万燈会の願文」の中の一文です。天長九年（八三二）八月二十二日の記がありますから、お大師さま五十九歳の時のものです。「諸の金剛子（弟子）等と金剛峯寺に於て、聊《いささ》か万燈万華の会を設けて、両部曼荼羅、四種の智印（四種曼荼羅上のすべての仏）に奉献《ぶごん》す。期することは毎年一度この事を設け奉って、四恩に答え奉らん」の後につづく文です。

お大師さまのご誓願は、虚空（自然）尽き、衆生（生きとし生けるもの）尽き、涅槃《ねはん》（教え）の尽きたときこそ、私の願いも尽きてしまうでしょう、ということでしょう。現に、自然も、生きとし生けるものも、教えも、無くなってはいないわけですから、お大師さまのご誓願は、今を生きる私達すべてに平等に向けられていることになりましょう。このことは、いわゆる大師信仰の中核にあるものであるにちがいありません。

最近、ある浄土門の学者の方から、次のような示唆《しさ》をいただきました。善導大師（六一三～六八一）の「発願文」の一部が『華厳経』十地品、歓喜地の菩薩の発願と重なっていることが明らかとなったというのです。そして、その文に「若し衆生尽きなば我が願も乃《すなわ》ち尽きん。若し世尊、虚空、法界、涅槃、仏の出世、諸仏の智慧、心の所縁、起智、諸転尽きなば、我が願も乃ち尽きん」とありますが、十地思想が「発願文」として展開しているというのです。そして、ここに掲げたお大師さまの文言とも共通した地平が認められるということです。従来、この文には典拠は示されていませんでしたが、それが明らかになったことは有難いことです。

ここに一《ひとり》の沙門《しゃもん》あり
余《よ》に虚空蔵《こくぞう》の聞持《もんじ》の法《ほう》を呈《てい》す

『三教指帰』（定七・四一）

一人の修行者と出会って、
虚空蔵聞持の法をさずけられました。

この言葉は、お大師さまが仏教への転心のきっかけとなった出来事をいったものです。十五歳で母方の伯父の阿刀大足に従って本格的な勉強を始め、十八歳で大学に入り、猛勉強をしたことを述べて、この言葉があります。『三教指帰《さんごうしいき》』には、延暦十六年（七九七）十二月の記があり、お大師さまは二十四歳の時に出家宣言書を執筆したことになります。

十五歳で本格的な勉強を始め、二十四歳で出家宣言をするまで、およそ十年ですが、仏教に転心されたのは、いったい何歳の時であったのでしょう。おそらく大学に入学したのが十八歳ですから、十五歳からの勉強の日々を加えれば、約三年となりましょう。すると、どうしてもお大師さまは大学を中途退学されたことになります。

さて、「一《ひとり》の沙門」とは、いったいどなたなのでしょうか。それはかえって無名の一修行者であった方がよいのかもしれませんが、一つの説として、勤操大徳（七五八〜八二七）を、「吾が師の相貌は凡類に等しけれども、心行（心と行為）は文殊にして志は神のごとし」と述べ、勤操大徳を「吾が師」とよんでおられます。さらに「貧道（空海）公（勤操）と蘭膠（深い交り）なること春秋すでに久し」とあり、その春秋をどのぐらいにすることが可能なのかが問題です。

また、「求聞持法」からアプローチして、その継承者の一人として戒明《かいみょう》（生没年不詳）という人物をあげる説があります。讃岐国の人で、大安寺の僧でした。ともかく、お大師さまは、国立の大学を中退し、厳しい修行者として仏教に参入されたのです。有難いことです。

台鏡《たいきょう》瑩《みが》き磨《と》いて
機水《きすい》に府応《ふおう》するの者《ひと》、
沙門勝道《しゃもんしょうどう》という者《ひと》あり

『性霊集』第二（定八・二一二）

みがきあげられた鏡をかたむけ、
そこに映し出された方こそ、
勝道という修行者です。

この文言は、「沙門勝道山水を歴て玄珠を瑩《みが》く碑《ひ》、並に序」の中の、沙門勝道という人物について紹介されたものです。日光山の開基として知られる勝道上人（七三五〜八一七）は、弘仁八年（八一七）三月一日に八十三歳で寂されました。お大師さまが四十四歳の時です。そして、この文は弘仁五年（八一四）の四十一歳の時に書かれたものです。勝道上人は栃木に在住され、お大師さまは京都高雄山寺にお住まいでした。場所は東西に分かれて遠方であっても、四年間ほど同じ時空を生きられた方であったわけです。

では、お大師さまは勝道上人と直接にお会いになったのでしょうか。文中に「余と道公（勝道上人）と生年より相見ず」とありますから、どうやらそれはなかったようです。では、どのようにして勝道上人のことを知ることになったのでしょうか。やはり文中に、「幸に伊博士公に因ってその情素《せいそ》の雅致《がち》（人柄）を聞き、兼ねて洛山（日光山）の記を請うことを蒙る」とあることから、もっぱら下野の伊博士公という人物より資料が提供され、勝道上人の検証がなされたもののようです。現在でも、お大師さまのこの文章は、勝道上人に関する一級の資料とされています。

掲げた文言の台鏡とは、台の上にすえられた鏡のことでしょう。それも瑩《みが》きあげられた鏡です。機水とは、人びとのことでしょう。鏡が少しかたむけられ、そこに映し出された人、それが勝道上人ということです。『即身成仏義』に、円鏡《えんきょう》・円明《えんみょう》の心鏡《しんきょう》とありますが、瑩きあげられた台鏡とは、円鏡、すなわち大日如来にほかなりません。

我《われ》と汝《なんじ》と久《ひさ》しく契約《けいやく》ありて、
誓《ちか》って密蔵《みつぞう》を弘《ひろ》む

『御請来目録』（定一・三八）

私とあなたとは、共に誓いを立て、
密教を弘めるという約束がありました。

付法の師恵果阿闍梨が永貞元年（八〇五）十二月十五日に「毘盧遮那《びるしゃな》の法印を結んで、右脇にして終ぬ」とあり、その夜のこと「この夜道場において持念するに、和尚宛然として前に立ちて告げていわく」として、お大師さまに向かって放たれたお言葉です。そして、その言葉につづいて「我れ東国に生れて必ず弟子とならん」と述べられたのです。

このことで、お大師さまの帰国の決心はほぼ確定したのにちがいありません。

さらに、お大師さまに与えられたご遺誨《ゆいかい》にも、「早く郷国に帰ってもって国家に奉り、天下に流布して蒼生《そうせい》（人びと）の福を増せ。しかればすなわち四海泰《やす》く、万人楽しまん。これすなわち仏恩《ぶつおん》を報じ、師恩を報ず。国のためには忠なり。家においては孝なり。……汝はそれ行きてこれを東国に伝えよ。努力《つとめよ》や努力《つとめよ》や」と。師である恵果阿闍梨より、こんなに熱い期待と、そして信頼とをいただいた弟子空海は、大きな感動と共に、あらためて師の恩を強く受け取ったにちがいありません。

密教では三宝の外に師宝を加えて四宝とするゆえんがここによく具現されていると思います。

お大師さまは、師恵果阿闍梨の遷化の直後、帰国の意志をかためられたようです。有名な「闕期《けつご》の罪（二十年留学を命ぜられていたのに二ヶ年に帰国してしまった罪）死して余りありといえど竊《ひそか》に喜ぶ。得難きの法を生きて請来せることを」との言葉は、お大師さまの自信と解するよりも、師恵果阿闍梨からの熱い期待と信頼とに応えることができた感謝と感激の言葉と受け取るべきでしょう。誠にありがたいことです。

時《とき》至《いた》り人《ひと》叶《かな》うときは
道《みち》無窮《ぶきゅう》に被《こうぶ》らしむ
人《ひと》と時《とき》と矛楯《むじゅん》なるときは、
教《おしえ》、即《すなわ》ち地《ち》に墜《お》つ

『性霊集』第五（定八・八二）

時代と人とが一致すれば、
道はかぎりなく世に弘まります。
しかし、人と時代とが互いに矛盾するときは、
教えは地におちてしまうものです。

この文は、「越州の節度使に与えて内外の経書を求むる啓」の一文です。文末に「元和元年四月□日、日本国求法沙門、空海啓す」とありますから、お大師さまが日本への帰国の途中、長安で蒐集された内外の経書を、越州においてさらに充実しようとの意図のもとに書かれたものです。唐暦の元和元年とは、日本暦の大同元年（八〇六）のことで、お大師さまは三十三歳の時でした。いまだ中国大陸の旅の途中であったようです。文章の意味は、「時代と人とが一致すれば、好い時が到来し、さらに道を弘める立派な人があらわれれば、教えはきわまりなく弘まるものである。しかし、人と時とが矛盾することがあれば、教えは地に落ちてしまうものである」ということでしょう。お大師さまにとっては、人とは実に恵果阿闍梨さまであり、あるいは、法を授かったご自身の自覚であったとも考えられます。時については、お大師さまが在唐中、徳宗から順宗、順宗から憲宗、と皇帝が代わり、日本に帰国してからも三代の天皇にかかわることになったのですから、けっして平安だったわけではありませんでした。

後の『秘蔵宝鑰《ひぞうほうやく》』の十四問答の主題は、人と時についてです。「時に増減《ぞうげん》あり、法に正像《しょうぞう》あり」といってから、「像法千載《ぞうほうせんねん》の外には護禁修徳《ごきんしゅうとく》のもの少し、今にあたっては時《とき》はこれ濁悪《じょくあく》、人は根劣《こんれつ》鈍《どん》たり」といっておられます。日本仏教は、平安中頃から末法思想が強く自覚され、愚鈍なる凡夫観、そして辺土観などがプラスされ、鎌倉仏教への展開を大きく規定してくることになります。人と時の問題は、現代の私達の重要なテーマでもあります。

我《わ》れ先《さき》に
汝《なんじ》が来《く》ることを知《し》りて
相待《あいま》つこと久《ひさ》しかりつ

『御請来目録』（定一・三五）

私は以前より貴方が来ることを知って、
しばらく待っておりました。

これは、正しくは、お大師さまの言葉ではなく、恵果和尚よりお大師さまに投げかけられた言葉です。お大師さまと恵果和尚との出会いは、実にこのような言葉から始まったわけです。

ここで、お大師さまの中国での足どりをたどってみましょう。「空海去《い》んじ廿三年季夏の月、入唐の大使藤原朝臣《あそん》に随って同じく第一船に上り咸陽《かんよう》（唐国）に発赴す。その年八月福州に到り、着岸す。十二月下旬長安城に到り、宣陽坊の官宅に安直す。……ここにおいて城中を歴て名徳を訪うに、偶然にして青龍寺東塔院の和尚、法の諱《いみな》は恵果阿闍梨に遇い奉る。……空海、西明寺の志明、談勝法師等五六人と同じく往《ゆ》いて和尚に見《まみ》ゆ。和尚、たちまちに見て笑《えみ》を含む。喜歓《きかん》して告げていわく」とあって先の言葉が続きます。さらに、「今は相見ること大に好《よ》し、大に好し。教命（寿命）竭《つ》きなんと欲すれども付法に人なし」とあります。恵果和尚側には、寿命がつきようとしているのに、いまだ付法に人無し、という問題があり、お大師さま側は、偶然にして恵果和尚と出会いをとげたわけですから、この両者の出会いは、まことにきわどいものでした。

この文をこのままに読むと、恵果和尚はお大師さまのことをすでに充分に知っていて、日本僧空海の優秀なことと、その目的は密教であるということを、つかんでおられたことになります。

お大師さまの方も、在唐三十年の永忠《ようちゅう》和尚《わじょう》の止宿していた西明寺に入ったわけですから、当時の仏教界のニュースや人物評を、充分に把握しておられたにちがいありません。

谷響《たにひびき》を惜《おし》まず
明星来影《みょうじょうらいえい》す

『三教指帰』序（定七・四一）

谷川の水音が響きわたり、
また明星が輝いています。

この句は、『三教指帰《さんごうしいき》』の序文において、お大師さまが、ある一人の沙門との出会いにより虚空蔵聞持の法の伝授を受けられ、法によって虚空蔵菩薩の真言を一百万遍誦すれば一切の教法の文義を暗記することができるということを信じて、精進努力の結果、得ることができたその心境を、実に簡潔に表現されたものです。

私は、この言葉は、お大師さまの悟りの境界を述べたものではないかと愚考するのです。初句の「谷響《たにひびき》を惜《おし》まず」とは、谷がこだまする、その響きが惜まず、虚しくなることなく、そのまま戻ってきた。すなわち修行の結果をそのままに得ることができた、ということでしょうか。次句の「明星《みょうじょう》来影《らいえい》す」とは、虚空蔵菩薩が明星に仮託して応現された、というわけです。私もその解釈に異義をはさむつもりはありませんが、もう少し自由に考えてみたいと思います。

お大師さまは、修行された場所として阿国（徳島）の大滝の嶽、土州（高知）の室戸崎をあげておられます。初句の「谷響を惜まず」とは、大滝の嶽に立って見渡した昼の世界でしょう。谷川の流れの声が突然に大音響として聞こえてきたのです。次句の「明星来影す」とは、室戸岬の先端に立って遠く海上を見はるかす夜の世界でしょう。明けの明星がピカッと輝いた、ということにちがいありません。

悟りの境界をあらわそうとする時、自然に託して文学的に表現される場合が多いのですが、まさしく、この句は、お大師さまのそういう表現にちがいなかろうと思うのです。

爰《ここ》に一《ひと》りの上人《しょうにん》有《いま》す
号《ごう》して大遍照金剛《だいへんじょうこんごう》という

『性霊集』序文（定八・三）

ここに一人の法師がおられます。
大遍照金剛という名のお方です。

この言葉は、お大師さまの詩・賦・哀・讃や、碑・誦・表・書にわたる作品群を集めた『遍照《へんじょう》発揮性霊集《ほっきしょうりょうしゅう》』の序文にある、編者である弟子の真済《しんぜい》（八〇〇〜八六〇）の言葉です。この序文全体が、師のお大師さまへの敬慕と熱い信仰とがみちあふれたすばらしい文章であり、弘法大師信仰の原点となるものでしょう。

まず、金剛薩埵が大日如来に教えを問うたのちに、龍猛・龍智・金剛智・不空・恵果と付法されてきた密教の教えは、「謂《いわ》ゆる第八の折負《おりふ》たる者は、吾が師これなり」というように、第八祖として法を受け継いだ人こそが「大遍照金剛」お大師さまその人であった、という、熱い思いが伝わってきます。

そして、真済は自身の思いを述べて、「私のごとき迷いの渡し場で道をたずねているような人間が、どうしてさとりの千里のかなたを一目で見通すことができましょうか。私は清らかな世界を願って、つつしんで弟子となりました」と、告げています。さらに、師の様子について、「始めてお会いした人からの質問にも、昔からの知り合いのように自由で、まるで鐘と笛とが響きあうようにお答えになりました」、「また従来の弟子との問答も実に深いものがあり、まるで陰陽の二気がまじわって龍となり、その龍によって起こす雷音が響くようで、その言葉はまったくの真実そのものであることがわかりました」と、述べています。ここからは、直《じか》にお大師さまと接し、同じ時空を生きた弟子真済の師に対する熱い思いが伝わってきます。私もお大師さまの流れを生きる弟子の一人として、この真済の熱い熱い思いを共有したいと念じています。

大虚《たいきょ》、心《こころ》なけれども、
万有《ばんゆう》、これに容《い》る。
大地《だいち》、念《おも》いなけれども、
百草《ひゃくそう》、これより生《しょう》ず。

『秘蔵宝鑰』巻中（定三・一四三）

大虚空には心がないけれども、
すべての存在を受け容れることができます。
大地にはおもいがないけれども、
百草が地より生じてきます。

大虚空と大地と、もう一つ太陽を加えます。そして大虚空には風を、大地には雨を、太陽には熱を。私達、生きとし生けるすべてのものは、これらの恩恵によって生かされています。そして、これをただ自然現象の一景観ととらえることもできましょうし、そこに、無私の私というような、大きな意志の働きがあるというようにも、とらえることができましょう。『大日経』の住心品にある「三時を越えたる如来の日加持の故に」とは、如来の説法（加持）のありかたを述べたものですが、それに雄大なる自然の現象を重ねてみると、その自然現象が、私達を生かしてやまない仏の大いなる意志のように感じられてきます。むろん、自然現象をそのまま大日如来の活動のあらわれとみることはできないのはいうまでもありませんが、如来の大慈悲心に仮託して感謝し、畏敬の念を持つことは、ゆるされるのではないでしょうか。

　私の母が毎朝昇ってくる太陽に向かって、身を清め拍手を打ってお参りしていた姿を思い出します。それは、今日一日が無事にすごせるようにとの願いをこめた祈りでした。自分も仕事に出かけなければならないので、子供達によく「すてきな朝だ、とびおきろ」といっていたことを思い出し、母の気持を思うと涙が出てきます。また、ある老婆からいわれた言葉に、「信心には、照り降り無し」と。日常生活にどのようなことが起ころうと、信心にとどこおりがあってはならない、という教えは、如来よりの叱咤激励《しったげきれい》の言葉でしょう。

　今年も、彼岸が近づく頃、白木蓮がいつのまにか花を咲かせています。

自心《じしん》の天《てん》・獄《ごく》たることを知《し》らず
豈《あ》に唯心《ゆいしん》の禍灾《かさい》を除《のぞ》くことを
悟《さと》らんや

『秘蔵宝鑰』巻下（定三・一五一）

自心に天堂（極楽）と地獄のあることを知らないで、
どうして心の生死のとらわれを除くことができましょう。

自心の心の中にこそ、天堂（極楽）と地獄とがあることを知らないで、どうして心の禍《わざわい》を除こうとしないのであろうか、との、お大師さまの厳しい叱責の言葉です。この心の機微について、『吽字義』には、次のような具体例をあげておられます。「彼の無智の画師《えし》の自ら衆綵《しゅさい》（種々な色彩）を運んで可畏夜叉《しゃ》之形を作り成し已って還《かえ》って自ら之《これ》を観て怖畏《ふえ》を生じて、頓ちに地に躄《たお》るるが如し。衆生も亦復《また》是の如し。自ら諸法の本源を運んで三界を画作して、還って自ら其の中に没して、自心熾然《しねん》（火がついて燃えること）にして備《つぶさ》に諸苦を受く」と。自分の心がつくりだしたものに、自分自身が右往左往しているという、なんとも滑稽《こっけい》なありさまが、鋭く指摘されている文章です。

このようなことは、私達の日常生活の場でしばしば起こってきます。人びとは、おのおのに他人《ひと》との諸関係の中で生きています。そして、その関係が親密であればあるほど、他人と自分との境遇を比較しがちです。この比較するという心の動きが、その人の心に喜びや苦しみの生じるもととなってくる、ということです。「自心の天・獄たることを知らず」という所以です。日常生活での心の浮き沈みは、他人との比較から起こってくることが多いのです。比べるという心の動きは日常的なものですが、そこには優越感に基づく喜びや、不幸感に裏打ちされた苦しみがおそってくるのです。その心の動きである比べるということは、煩悩心のあらわれです。

比べるということは、無意味な喜びをもたらし、苦しみをつくってしまうものです。

嚩日羅《ばざら》は智《ち》なり、鉢納麼《はんどま》は理《り》なり
智《ち》はよく物《もの》を照《て》らす功《こう》あり
理《り》は摂持《しょうじ》して乱《みだ》るることなし

『性霊集』第八（定八・一二九）

金剛は智であり、蓮花は理です。
智はよく人を照らす力があります。
理は人を摂して乱れることをふせぐのです。

仏とはなんぞや、と問われることがあれば、躊躇《ちゅうちょ》なく、智慧と慈悲と答えるでしょう。仏像が登場し、三尊の形式による表現が考えられた時に、中心尊の左右に、金剛を手にしたもの、蓮華を手にしたものが、配置されることになったのです。金剛とは智慧の標幟であり、蓮華とは慈悲の標幟です。現図胎蔵生曼荼羅の中央は仏部、左右は金剛部と蓮華部によって構成されています。密教には多くの仏達が登場し、それらを仏部・金剛部・蓮華部の三部に整理したのでした。部とは族とも訳されるサンスクリットのクラのことで、四部、五部というように展開します。両界曼荼羅において、まさしく金剛界は智慧の世界であり、胎蔵生は慈悲の世界です。不動明王は剣と羂索を持っていますが、剣とは智慧、羂索は慈悲にほかなりません。『理趣経』の百字の偈には、「般若及方便」の句があります。般若（智慧）だけでは人びとを救いとることはできず、方便（慈悲）のみではただの方便《ほうべん》となってしまうのですから、般若と方便とは相即相入しなければならないというわけです。

お大師さまは、入唐直前に空海と名乗られたのでしょうか。教海・如空の一字ずつを取って空海と名乗ったという考え方と、禅定をしている洞窟からは空と海が見えたそのままを名乗ったという考え方があります。私は、空海の空は智慧、海は慈悲ととらえ、仏の智慧と慈悲を自己に一体化して空海と名乗られたと考えたいのです。そういえば、お大師さまは遍照金剛と名乗ってもおられますが、灌頂名でありつつ、まさしく遍照とは慈悲であり、金剛とは智慧でしょう。むろん金剛界・胎蔵法の両方の灌頂の際に、中央大日如来に投華得仏したということを前提としてですが。

それ水《みず》は
器《うつわ》に随《したが》って方円《ほうえん》し
物《もの》に逐《したご》うて清濁《せいだく》なり

『付法伝』第一（定一・七一）

水は器によっては四角にも円にもなり、
物によって清いものとも濁りともなるものです。

人間の全存在を器《うつわ》、すなわち、ものを入れ収めるもの、という言葉で表現します。世間的にも、度量の大きな人、心が広く人をよく受け容れる性質の持ち主を「器の大きな人だ」といいます。仏教では、器とあわせて機根という言葉が使われます。機根とは、仏の教えにふれて精神的な能力が発揮されること、と解されます。

この文章の主語は水ですが、それを仏の教えと重ねて考えてみると、教えとは、それを受け取る人びとの宗教的な能力によって、どのようにでも展開し、変化していく、ということでしょう。その実際は、インド・中国・日本の仏教の歴史と、おのおのの教説の主調に如実にあらわれています。お大師さまの教えすら、同じ著述を読んでいながら、人びとの腹に収まるものは、少しずつ相違してきます。日常生活の中で他人《ひと》の気持を正しく受け取ることのなんとむずかしいことか。他人《ひと》の気持を受け取るためには修練が必要です。カウンセリングというのはカウンセラーが悩みを持つ人の相談に乗り、その悩みを解消することですが、カウンセラーの基本的な条件は、いかに人の悩みを聞きとるか、というところにあり、そのための修練が大切なようです。

お大師さまの教えを学ぶことも同じです。いかに著述を正確に読み、それを生活の中で咀嚼《そしゃく》し、そこから何を受け取っていくか、です。お大師さまの考えられた世界は広く、かつ深いために、なかなかむずかしいものがあります。お大師さまがご覧になっている全風景を共に見たいというのが、私の念願です。

法《ほう》に任《まか》せて控馭《こうぎょ》すれば
利益《りえき》甚《はなは》だ多《おお》し
法《ほう》を枉《ま》げて心《こころ》に随《したが》えば
罪報《ざいほう》極《きわ》めて重《おも》し

『秘蔵宝鑰』巻中（定三・一四〇）

真実なるものにもとづいて行為すれば、
利益ははなはだ多く、
真実なるものをゆがめた心で理解すれば、
罰報はきわめて重いのです。

最近、社会を騒がせている不正問題についてつくづく考え込んでしまっています。旭化成建材の杭打ちにまつわる偽装問題は、いったいどうしたことでしょう。砂上の楼閣という言葉がありますが、建物の土台がしっかりしていなければ、やがて傾き、そして崩壊するということは、火を見るよりも明らかです。こんなことを大企業に働く人間がやってしまう恐ろしさを痛感したのは、私だけではありません。小さな誤魔化しが、企業全体を揺るがす大きな事件に拡大しています。それは、ただ企業の存続のみならず、その建物の中に生活の場を設けた多く人びとに、大変な恐怖と、これからの生活への深刻な不安をもたらすことになり、それは、やがて社会不安をも喚起することになるにちがいありません。ですから、企業トップの記者会見での謝罪の様子は、トップと実際に施工している従業員とがつながっておらず、実際の施工者と入居する多くの人びととの心がつながっていないという現実が、ありありと見えてくるようです。

とまれ、このような姑息な不正が社会をゆるがす事件へと発展してしまいましたが、それは、企業のトップが企業道徳をないがしろにするどころか、人間としても高い神聖な理想を掲げることができないことが原因なのかもしれません。いや、日常を生きる私達一人一人の心の中に、あるべき理想を掲げることのできない人は、いつか、姑息な不正の世界にころがりこんでしまうかもしれません。真実なるものに従って行為すれば利益ははなはだ多く、真実をまげて私欲に従えば罪報はきわめて重い、というお大師さまの言葉を考えてみるべきでしょう。

風葉《ふうよう》に因縁《いんねん》を知《し》る
輪廻《りんね》幾《いく》ばくの年《とし》にか覚《さと》る

『般若心経秘鍵』（定三・九）

風に舞い落ちる葉に因縁を知り、
輪廻の苦しみをいつになったら覚ることができるのでしょう。

秋は紅葉の美しい時節です。そして同時に落葉の季節でもあります。はなやかに色づく木々の陰で、桜の葉がハラハラと落ちていきます。それは、新しい芽が出ようとして内から突き上げる力によって、はかなく散っていくのであり、一見冷酷な現象に見えます。紅葉は盛んですが、しかしそれとても、枯れて散っていく直前の一場面にほかなりません。

仏教という宗教の一番深い底に輪廻転生ということが横たわっています。現代人は、輪廻転生ということを通して仏教を考えていません。では輪廻する主体とは何か、などと賢《さか》しらなことをいっておりますが、そのような人間も、実に自然現象の中に、自然そのものとして生きている現実を、認めざるをえないのです。自然のただなかに立つ一本の木の営みのように、人間の死も、その死のあとに新しい生命の力によって、次の生命の成長が用意されているのです。まさしく、それが、輪廻転生ということではないでしょうか。私の生命も、そんな大きな歯車の歯の一つにかみ合わさっているならば、その一つの歯の責任を果たすことが、生きるという一大目標でなければならないはずです。

窓から見える多くの木々たちが、別々でありつつ同じ営みを繰り返しています。私達一人一人の生きるという営みも、まったくそれと相違することがありません。すべての生きとし生けるものたちが担う、実に大きな生命のうねりこそが、輪廻転生ということでしょう。

飛白《ひはく》の書一巻《しょいっかん》
またこれ在唐《ざいとう》の日《ひ》
一《ひと》たびこの体《たい》を見《み》て
試《こころ》みにこれを書《しょ》す

『性霊集』第四（定八・五五）

飛白の書一巻
これは入唐の日に、
一たびこの書体を見て、
こころみに書いたものです。

この文は嵯峨天皇に劉希夷《りゅうきい》の詩文集などと共に飛白の書一巻を付して献上した上表文の一部です。弘仁二年（八一一）二月二十七日、お大師さま三十八歳の時でした。書道については「余《われ》少年の時、数々《しばしば》古人の遺跡に臨み、後、秘教に入って管《ふで》を握るに暇《いとま》なし」とありますから、書道は少年の時から学んでおられたようです。

ここで、問題の飛白体については、在唐の砌《みぎり》に試みたといっておられますが、今、それを見ることができるのは「真言七祖の像の賛」でしょう。もう一つ『法華経』に基づく「十如是」があったのですが、その真蹟は見ることができません。最近、神田喜一郎先生の「弘法大師の飛白書「十如是」」（『墨林間話』岩波書店、一九七七年、所収）を読み、その事情について知ることができました。要約しますと、もともと「灌頂記」とともに「十如是」も、高雄の神護寺に所蔵されていましたが、明治十年前後のこと、それが泥棒に盗まれ、そのまま焼き棄てられてしまったというのです。神護寺経といわれる紺紙金泥の幾巻かを盗み、焼いて灰の中から金を採るのが目的であったといいます。その時に「十如是」も焼かれてしまったのです。この「十如是」は、町田久成という方が神護寺の宝物調査に出かけ、それを見て大変に感心し、写真技師によって原寸大に撮影されていたので、良好な写真のみが残った、というわけです。

お大師さまは書道について、少年の頃より並々ならぬ強い関心があったわけで、お大師さまの真蹟を見るとき、その努力のさまを知ることになるのです。

痛狂《つうきょう》は酔《よ》わざるを笑《わら》い
酷睡《こくすい》は覚者《かくしゃ》を嘲《あざけ》る

『般若心経秘鍵』（定三・三）

酒に酔っている人は、しらふの人を笑い、
迷いの中に眠り込んでいる人は、
覚めている人をあざけります。

私は酒席がいつも苦手です。それは、酒があまり飲めないからです。酒が飲めないと、返杯ができず、まったく気のきかない人間ということになってしまいます。そして、それが高《こう》ずると変人《へんじん》とまでいわれるようになります。反対に酒席の得意な人は、話のわかる人だ、人物だ、組織を動かせる人だ、仲間を大切にする人だなどと、評価が高いのです。

お大師さまは、ここでそんな低次元のことをおっしゃっているはずがありません。この句の導入部分をふりかえってみれば、その真意がわかろうというものです。「それ仏法はるかにあらず、心中にしてすなわち近し。真如外にあらず、身を棄てていずくんか求めん。迷悟われに在れば発心すればすなわち到る。明暗他にあらざれば信修すればたちまちに證ず。哀れなるかな、長眠の子。苦しいかな、痛《いたま》しいかな」とあり、その次にこの言葉があります。仏法とは自身に求めるべきであることにまったく気がつかず、まちがった方向に求めたずねている、その人を「痛狂、酷睡」といわれているのです。この方向に歩くことこそが正しいと思いこんでいる人は、逆の方から来て擦《す》れ違《ちが》う人びとを笑い、嘲《あざけ》るという珍妙なことが起こってきます。

右往左往の日常生活の中で、私達はまさに生きる方向を見失っていることが自覚されます。お大師さまが、「還源《げんげん》を思《おもい》とす」といっておられますが、お大師さまご自身も、生きる方向にたえず思いをいたしておられたのではないでしょうか。私達も、お大師さまから「苦しいかな、痛しいかな」といわれないように、自身の点検を怠ってはなりません。

人《ひと》を導《みちび》くものは教《おしえ》なり
教《おしえ》を通《つう》ずるものは道《みち》なり

『性霊集』第十（定八・一九一）

人を正しい道に導くものは教えであり、教えを弘げるものは道なのです。

この文には続いて、「道《みち》は人無《な》ければ則《すなわ》ち塞《ふさ》がり、教は演《の》ぶること無《な》ければ廃《すた》る」とあり、あわせて考えてみれば、この聖句の意味は充分に理解しやすいものになるでしょう。私達僧侶に厳しい現実を指摘し、注意をうながしたものです。

道は、人がたえず歩いていないと、たちまちに雑草が生い茂ってしまいます。そして道が見えなくなってしまいます。雑草とは、まるで私達の心に生い茂る煩悩である、ということもできましょう。さらに、教えを説くことがなければ、衰え、やがて消えてしまうはずです。

たとえば、山に入って方向を示す標識（教え）もなく、道も消えていたとすると、人は迷い、遭難するおそれがあります。そのように私達は、歩むべき道を明確に確保することを怠《おこた》ってはなりません。そのためには教えを宣布する行動がともなうはずです。

私達僧侶には、明確に示された道、すなわち仏道という道が、目標として厳然と存在しています。よもや、それが見えない人はいないはずです。私達は、その道を確実に歩むことです。歩むということは、日常の生活でおこなうことです。その歩むということこそ、教《おしえ》を演《の》べるということではないでしょうか。仏への道は一本道ですから、迷うことはないはずです。その道は、雑草が一本も生えていない清浄な道でしょう。もしも、その道がふさがり、消えていたとすれば、それはすべて私達僧侶の責任になるのではないでしょうか。私の好きな歌に、「人生の並木路」がありますが、私達が相互に手を取り合い、声高らかに歌いつつ歩む、なんと楽しい道でしょう。

妙法蓮華経《みょうほうれんげきょう》観世音菩薩《かんぜおんぼさつ》
普門品《ふもんぼん》とは、すなわち、これ
観自在菩薩《かんじざいぼさつ》の四種曼荼羅身《ししゅまんだらしん》を表《あらわ》す

『法華経釈』（定四・二〇六）

『法華経』の普門品とは、
観自在菩薩の具体的なあらわれです。

お大師さまは、『法華経』について、六種の『開題』を残しておられますが、その中に、「いうところの四種曼荼羅に約して「妙法蓮華経観世音菩薩普門品」を解釈するならば」として、「妙法」とは、正法のことで法曼荼羅身であり、「蓮華」とは、ブンダリカのことで三昧耶曼荼羅身《さんまやまんだらしん》であり、「観世音」とは、観自在《かんじざい》・光世音《こうぜおん》などの名称のある大曼荼羅身であり、「普門」とは、普は遍満法界《へんまんほうかい》平等利人《びょうどうりにん》のこと、門は、出入無碍自在遊戯《しゅつにゅうむげじざいゆうげ》のこと、自在遊戯とは、如来の事業威儀（活動そのもの）である、よって羯磨《かつま》曼荼羅身のことである、としておられます。

この四種曼荼羅とは、『即身成仏義《そくしんじょうぶつぎ》』の解釈において体《たい》・相《そう》・用《ゆう》の三大を説きます。その中の相《そう》大《だい》は、「四種曼荼羅各々離れず」とあり、そこで説かれている四種曼荼羅の解釈を経名の理解に転用したものでしょう。『大日経』巻六、本尊三昧品の「一切如来に秘密身あり、字《じ》・印《いん》・形像《ぎょうぞう》なり」、それに羯磨を加えて、四種曼荼羅に充てているわけですから、四種曼荼羅身といっても不思議ではありません。実に「身」とは、具体的なあらわれ、姿ということにほかなりません。

「妙法蓮華経観世音菩薩普門品」とは、相としての観世音菩薩の具体的なあらわれ、すなわち「事」としての身ということにちがいありません。ですから、「普門品」の読誦は、観世音菩薩との出会いの重要な場面ということになりましょう。

問《と》う、この塔《とう》は人功《じんこう》の所造《しょぞう》なりとやせんはたいかん。
答《こた》う、この塔《とう》は人力《じんりき》の所為《しょい》にあらず、如来神力《にょらいじんりき》の所造《しょぞう》なり。

『付法伝』第二（定一・一一六）

この塔は人力によって造られたのでしょうか、どうでしょう。
この塔は人力によって造られたものではありません。
如来神力によって造られたものです。

『付法伝《ふほうでん》』の末尾には、問答決疑があり、溺派子《できはし》と了本師《りょうほんし》という二人の間に、問答が展開しています。如来の正法は、仏弟子の迦葉《かしょう》・阿難《あなん》らが同聞衆《どうもんしゅう》としておられたことは、証拠がありますが、秘密仏教は、如来滅後八百年の中で龍猛《りゅうみょう》菩薩《ぼさつ》が南天の鉄塔に入り、金剛薩埵《こんごうさった》によって授けられたものであって、そこには同聞衆がおられたのであろうか、という質問が、溺派子から投げかけられます。そこで『金剛頂経義訣《こんごうちょうぎょうぎけつ》』から龍猛《りゅうみょう》菩薩と南天竺菩薩の塔が持ち出されます。その塔の中には、三世の諸仏、諸の大菩薩の普賢、文殊らがはべっておられ、金剛薩埵等の灌頂加持《かんじょうかじ》をこうむって、秘密法門を誦持して人間《じんかん》に宣布《せんぷ》されたものである、と了本師が述べます。溺派子は、しかしそれは金剛智三蔵の口説《くぜつ》であって、経論《きょうろん》からの証文がないのであるから信受《しんじゅ》できない、さらに鉄塔は狭少であって、無辺なる法界が塔の中にあるわけがない、とねばります。了本師は、それに対して『華厳経《けごんきょう》』から、智眼《ちげん》をもって観見《かんけん》するに、毘盧遮那仏の願力は法界に遍く一切国土に常に無上論を転じている、と。そして、このような難信《なんしん》の事《こと》は諸仏の境界であって深法は信をもって入るべきであり、思慮分別《しりょふんべつ》をもってはその底に至る事が出来ないものである、と結ばれます。

お大師さまのお考えは、大日如来は、唯一の金剛秘密最上仏乗大曼荼羅法教《こんごうひみつさいじょうぶつじょうだいまんだらほうきょう》を普遍常恒《ふへんじょうこう》に演説されていることが前提です。生身仏《しょうしんぶつ》の教えは、迦葉《かしょう》より師子《しし》に至って付法が絶えてしまったといい、これは『付法蔵因縁伝《ふほうぞういんねんでん》』巻六の記述を根拠としています。南天の鉄塔説は、密教の独自性を証明したものです。

顕教《けんきょう》の談《だん》ずる所《ところ》の
言断心滅《ごんだんしんめつ》の境《きょう》とは
謂《い》わゆる法身毘盧遮那内証智《ほっしんびるしゃなないしょうち》の
境界《きょうかい》なり

『弁顕密二教論』巻下（定三・一〇〇）

顕教がいう言葉で説くこともできず、
心で推し量ることもできない境地は、
法身大日如来の内証の世界と重なります。

お大師さまは、ご自身が打ち立てられた密教という立場から顕教を教相判釈し、横《おう》の教判として『弁顕密二教論』、竪《しゅ》の教判として『秘密曼荼羅十住心論』『秘蔵宝鑰』を執筆されました。この文章の「言断心滅《ごんだんしんめつ》」とは、言語道断《ごんごどうだん》、心行処滅《しんぎょうしょめつ》の略語です。言葉で説くこともできず、心に推し量ることもできない、という境界こそが、法身大日如来の内証智の境界そのものだ、というのです。この言葉で了解されるように、密教は顕教のすべてを内容とするものであるということです。

私は日本の仏教史の特徴を、奈良の伝来仏教、平安の総合仏教、鎌倉の選択仏教、室町の土着仏教、近代の解放仏教（実際はいまだに解放されていません）と考えています。お大師さまの、この言葉は、総合仏教という立場を、いとも簡潔に述べたものです。

教相判釈とは、自己の立場とほかの立場とを峻別するものですが、お大師さまがなさった峻別方法の具体相は、密教の優位性を説くものでした。それは、顕教と密教のそれぞれの立場を比較対照し、すべての教えを密教のなかに集約するという包容力のあるものであったのです。

『十住心論』の第六は弥勒菩薩の三摩地門であり、それは大日如来の大慈三昧である。第七は文殊菩薩の三摩地門であり、それは大日如来を離れて別に智慧があるわけではない。第八は観自在菩薩の三摩地門であり、それは大日如来の法曼荼羅であり。第九は普賢菩薩の三摩地門であり、これは大日如来の菩提心の一門である。というように、おのおの教えを担うすべての菩薩達は、大日如来の一徳をそれぞれに分有しているというのです。まさに密教とは総合仏教ということにほかなりません。

過《とが》を恕《ゆる》して新《あら》たならしむ
これを寛大《かんだい》といい、
罪《つみ》を宥《なだ》めて贓《そう》を納《い》るる
これを含弘《がんこう》と称《しょう》す

『性霊集』第四（定八・六六）

あやまちをゆるし、再生させることを寛大といい、不正の内容をすべて承知して、包みこむものを、含弘といいます。

この文は、「元興寺《がんごうじ》の僧中環《ちゅうけい》が罪を赦《ゆる》されんことを請う表」の一文です。「ひそかにその罪過《ざいか》を尋《たず》ぬれば、すなわち死しても余りの辠《つみ》あり、その犯臟《はんぞう》（犯罪）を論ずれば、すなわち砕《くだ》きてもなお未《いま》だ飽《あ》かず」というほどの罪であったようです。このことは、ただ一人の名誉を失うだけでなく、仏法を汚すことにつながるものであると、大変強い調子です。

さて、罪とはどのようなものであったのでしょう。「大樹仙人《だいじゅせんにん》、迹《あと》を曲城《こくじょう》に廻らし、慶喜道者《けいきどうしゃ》、悩を鄧家《とけ》に被る」とあり、大樹仙人は曲女城の王宮の美女を見て俗世間の欲を起こし、釈尊の弟子の阿難尊者《あなんそんじゃ》（慶喜《けいき》）が摩登伽《まとが》女に誘惑される、という例をあげていることからすると、女性問題なのかもしれません。「戒行を護らず、国典（国家の法典）を慎まず」ともあることから想像されるところです。また、この文は誰に提出されたものでしょうか。陛下とあり、さらに軽《かるが》るしく威厳をけがす、ともありますから、朝廷の上層部の誰かに提出したものでしょう。幸いに、書かれた日付が、弘仁五年（八一四）閏七月二十六日とあるので、お大師さま四十一歳の時とわかります。

伝教大師最澄さまは、南都の仏教とは鋭く対立した方でしたが、お大師さまは、南都の方々と友好的でした。「元興寺の僧伝燈法師位」と、中環という人の肩書を見ると、れっきとした南都僧だったのでしょう。お大師さまがこのような文を提出し、擁護していることからも、その緊密さがうかがえます。中環の環の字を有する南都の高僧がおりますが、その方と何らかの関係があったのではないかと考えられます。

いま秘密《ひみつ》というは
究竟《きゅうきょう》最極《さいごく》の法身《ほっしん》の自境《じきょう》なり
これをもって秘蔵《ひぞう》となす

『弁顕密二教論』巻下（定三・一〇九）

秘密という言葉は、
法身大日如来の究竟にして最極なる境界をいうのであり、
それを秘密の教えというのです。

宗教という言葉の指し示す領域は極めて広大です。宗教という言葉は英語のレリジョンの訳語で、本来の意味は、キリスト教に基づく人類と神との再結合というような意味でした。現在、宗教といった場合、仏教をも含めてあらゆる宗教を意味しますが、成る宗教を標榜する仏教は、本来そこにはかかわることがないはずです。

密教という言葉も、ある意味で実に野放図に使われることが多いのです。仏教の発達史からいうならば、大乗仏教の隆盛をうけて六、七世紀頃より密教の傾向が強まり、『大日経』や『金剛頂経』が成立します。それが、やがて中国に伝来し、お大師さまの入唐によって日本にもたらされ、お大師さまにより日本仏教の中に密教というものの体系が構築されることになりました。

お大師さまは、『弁顕密二教論』において、「法身内証智の境を説きたもうを名づけて秘密という」と。ここに掲げた言葉と合わせると、法身大日如来の自の内証の智慧の世界が密教だというわけです。そして、その世界とは「顕教所談の言断心滅の境とは、いわゆる法身毘盧遮那内証智の境界なり」とあるように、顕教において言語で解き明かすことができず、心行が滅してとどかないところ、それが密教の内証というもので、顕教は煩悩をとり去っていく道であり、密教は仏行を行ずる道である、ということができましょう。そして、同一の境界、すなわち仏のさとりの世界を目指していることには相違のないところです。さらに密教という教えが土俗的なものまでまきこんで展開していったことについても考えるべきでしょう。

高山深嶺《こうざんしんれい》に四禅《しぜん》の客乏《かくとぼ》しく
幽藪窮巌《ゆうそうきゅうがん》に入定《にゅうじょう》の賓希《ひんまれ》なり

『性霊集』第九（定八・一七〇）

高く深い山には修行の僧が乏しく、
奥深くやぶのしげる沢には、修禅の僧はまれです。

お大師さま、四十三歳、弘仁七年（八一六）六月十九日に、高野山を入定の地（ここでは修行のための地）として乞い請けるための上表文を朝廷に提出しました。ここに掲げた文は、高野山の地を望む理由を述べたものです。この文の前に、わが国の歴代の皇帝は心を仏法にとどめられ、荘厳な伽藍が建ち並び、寺ごとに仏法を話す高僧達があふれており、そして実に仏法興隆はここに足りているかに思われる、と述べられ、「ただ恨むらくは」として、この文が続くわけです。

お大師さまの高野山への思いは、「空海、少年の日、好んで山水を渉覧して、吉野より南に行くこと一日、さらに西に向って去ること両日程にして、平原の幽地あり、名づけて高野という」とありますから、少年の日にすでに高野の地は確認されていたわけです。さらに、お大師さまが、唐より帰国の船中で発せられた「帰朝の日、必ず諸天の威光を増益し、国家を擁護し、衆生を利済せんがために、一の禅院を建て、法に依って修行せん……いま思わく、本誓を遂げんが為に、いささか一の草堂を造って禅法を学習する弟子等をして法に依って修行せしめん」との少願が、十二年経っていよいよ実現されようとしていました。弘仁七年六月十九日に上表文が提出され、七月八日に許可され、お大師さまは弘仁九年（八一八）十一月十六日に高野山上に登られたようです。お大師さまの大活躍の場所が、神護寺、東寺のみとするのでは、いささか物足りません。やはり高野山があってこそ、お大師さまのご生涯が万全に語られるでしょう。

お大師さまの高野山開創の意図がここに示されています。

境《さかい》は心《こころ》に随《したが》って変《へん》ず、心《こころ》垢《けが》れるときは境《きょう》濁《にご》る。
心《こころ》は境《きょう》を逐《お》って移《うつ》る。
境《きょう》閑《しず》かなるときは心《こころ》朗《ほが》らかなり、
心境《しんきょう》冥会《みょうえ》して道徳《どうとく》玄《はるか》に存《そん》す。

『性霊集』第二（定八・二二）

世間は心に従って変化するもので、心が汚れれば世間はにごります。
心は世間によって影響されるのです。
世間が静かなときは心は朗らかであり、
心と世間が一致してこそ人の道は正しく開かれるのです。

この一文は、「沙門勝道山水を歴て玄珠を瑩く碑」にあるものです。

勝道上人は日光山を、お大師さまは高野山を、各々に開山されました。この文章は、勝道上人の顕彰でありつつ、お大師さまご自身の心には、勝道上人に大いに共感するものがあったにちがいないことを伝えてくれます。平易な文であり説明を必要としませんが、「心境冥会」とは心とその環境、それが家族や社会、そして自然現象が一つになる。すなわち、心が垢《けが》れれば境は濁る。境が閑《しずか》であれば、心が朗らかである。心も境も美しく、静かであった時に、ようやく人間がまさしく生きるということの真実が発揮される、ということでしょう。お大師さまは、最初の著述である『三《さん》教指帰《ごうしいき》』の序文の中で、「一人の表甥《こんれい》」すなわち母方の甥である青年の存在について述べておられます。その青年は、「性はすなわち佷戾（心がねじれている）にして鷹犬酒色《ようけんじゅしょく》（鷹や犬を使った狩りや、酒や色香）を昼夜に楽みとし、博戯遊俠《はくぎゆうきょう》（賭博《とばく》などの遊び）をもって常の事とす。その習性《しゅうせい》を顧《かんが》みれば陶染《とうぜん》（世間的な環境《かんきょう》）の致すところなり」と。境によって心が垢《けが》れている実例を身近に観察されています。

今、石牟礼道子さんの『苦海浄土』（河出書房新社、二〇一一年）を読んでいます。水俣病の運動のさなかに「祈るべき天とおもえど天の病む」と詠んでおられます。

現代の日本社会のありようを思います。

それ蟭螟《しょうめい》は、大鵬《たいほう》の翼《つばさ》を見《み》ず
蝘蜓《えんてい》何《なん》ぞ難陀《なんだ》が鱗《うろこ》を知《し》らん

『秘蔵宝鑰』巻中（定三・一三一）

きわめて小さな虫は、大きな鳥の翼を見ることがなく、トカゲは大きな龍の鱗を知るよしもありません。

まず、文字の意味をおさえておきましょう。「蛸螟《しょうめい》」とは蚊のまつげに巣くうとされている極めて小さな虫のことです。「大鵬《たいほう》」とは、おおとり、想像上の大鳥のことです。有名なお相撲さんの名として記憶している方もあると思います。「蝘蜓《えんてい》」は、トカゲのことです。「難陀《なんだ》」とは、大きな龍のことです。すなわち、きわめて小さな虫は、きわめて大きな鳥を見ることができず、トカゲは大龍の鱗を知ることがありません、ということでしょう。極小と極大との比較をとおして、私達が日常生活の中で、「見えない・知らない」ということの実態を痛烈に批判したものです。さらに文は続いて、迷える人びとは、さとりの天空を突くことも、さとりの大海の底を踏むこともできない、と述べておられます。

お大師さまは、『即身成仏義』において六大体大ということを論じておられますが、六大とは法身大日如来に象徴される万物であり、私達一人一人の当体でもあることは、ミクロの私達とマクロの法身大日如来が、無礙であり瑜伽である、ということにほかなりません。さらに、心・仏・衆生の三平等観があります。心とは私自身のこと。衆生とは、私以外のすべての人びとと生きとし生けるものの生命《いのち》にほかなりません。それらは仏を含めて平等、平等、平等と観ずることが、この観の中心となるものです。ミクロの私が、マクロのすべての生命と、仏とも繫がっているということでしょう。

私達は、マクロとミクロとの世界が瞬時に確認できなければなりません。それには、マクロからミクロへの、ミクロからマクロへの心の振幅の修練が必要です。

譬《たと》えば線《いと》をもって花《はな》を貫《つらぬ》きて
乱《みだ》さず堕《おと》さざるがごとく　かくのごとく、
よく教《おし》えの線《いと》をもって人天《にんてん》の花《はな》を貫《つらぬ》きて
三途《さんず》に乱堕《らんだ》せず

『金剛頂経開題』（定四・八四）

たとえて言えば糸をもって花を貫けば、
みだれることなく地におちることがないように、
教えの線でもって人の有《も》っている仏性の花を貫けば、
人は地獄に墜ちることはありません。

素晴《すば》らしいことをするのも人間、悪いことをするのも人間です。宗教とは、特に人間に素晴らしい行為を奨励《しょうれい》するものです。しかし、世間には、宗教の名のもとに悪い行為をすることがまったくないわけではありません。

普通、道徳や理性というものは、宗教とはその領域を異にするものであるとされますが、実際の生活の場では、理性も道徳も、時と場所により、そのはたらきが往往にして混乱することがあります。先の世界大戦の時に、宗教が戦争の正当化に利用されてしまったという事実が想起されるでしょう。お大師さまのお考えは、本来成仏というお立場から、積極的に理性や道徳の領域に立ち入り、確乎とした見識を確立することでした。

さて、「経」はスートラの漢訳で、契経ともいわれます。そして、経とはたて糸、すなわちここにいう「線」と同じ意味でしょう。仏教の経とは、釈尊の言葉、聖者・賢人の言葉をまとめて経と称したのです。その線《いと》によって花を貫《つらぬ》いておけば、その花はばらばらにならないのが道理、教えの線によって人びとの持っている花を貫けば、地獄に堕《だ》することがない、みだれ落ちることはない、ということです。

相待的な世俗の世界における、理性・道徳の混乱、それは教えの線で心を貫くことで避けられましょう。

先師《せんし》に聞《き》けり、
色《しき》を孕《はら》む者《もの》は空《くう》なり。
空《くう》を呑《の》む者《もの》は仏《ほとけ》なり。

『性霊集』第八（定八・一三一）

恵果阿闍梨から聞いたことには、
すべての形ある存在は空であり、
空を呑む者は仏です。

ここにいう「先師」とは、恵果阿闍梨のことです。お大師さまにとって、その存在はまったく圧倒的であるといって過言ではありません。恵果阿闍梨は、残念ながら私達に著述を残しておられませんが、お大師さまはご自身の文章の中に、数ヶ所にわたって、そのお言葉を記録しておられます。ここに掲げたものは、その一つです。

一見すると『般若心経』の「色即是空、空即是色」の句を連想されるにちがいありません。「色」とは、すべての形ある存在です。その形あるものの存在の中にこそ、実のごとくに空が開示されています。すなわち、「孕む」には、胎内に子を宿すこと、植物の穂が出ようとしてふくらむこと、中に含んで持つ、という意味があります。よって、すべての形ある存在には、空なることの実相が内包されているわけです。「即」を「孕む」といわれたにちがいありません。同じように「呑《の》む」は飲むと同じで、飲み込むという意味があります。いうならば「仏」とは、空という真実なるものを飲み込んでいるありかただ、ということでしょう。ここでも「呑む」とは「即」にちがいありません。実に、「仏」とは、「空」を背負って色身をもって、この世に現れ出たものでしょう。

色即空、空即仏ということであれば、色も空も、それは仏の内証の中に溶解しているものです。

この文に続いて「仏の三密、何処《いずく》にか遍《へん》せざらむ。仏の慈悲、天のごとくに覆《おお》ひ、地のごとくに載《の》す」とあり、「いわゆる大師（仏）、あに異人ならむや」と、仏と自己との同一性を深めておられます。

仏日《ぶつにち》の影《かげ》、
衆生《しゅじょう》の心水《しんすい》に現《げん》ずるを加《か》といい、
行者《ぎょうじゃ》の心水《しんすい》
よく仏日《ぶつにち》を感《かん》ずるを持《じ》と名《な》づく

『即身成仏義』（定三・二八）

仏の大慈悲の影が、人びとの心水に現れ出ることが「加」であり、人びとの心水が、よく仏の大慈悲の日を感ずることが「持」です。

私達の生活は、日常心というものにかたく塗り込まれています。そして、それは厚い壁となって私達を取り囲んでいます。その厚い壁の中で、ほかの人《ひと》と比較して、優越感に浸ったり、不幸に泣いたりしています。

お大師さまはそれを「生の苦、死の苦、老の憂、病の痛、貧の苦、財の苦、八苦我れを迫めて三途吾を煮《に》る。天上安からず、いかにいわんや人間をや。」と述べておられます。地獄は死後のことではなく、今生きている現実の世界に見られる状態であるということができましょう。

その日常心の壁に、小さな穴でもあけないかぎり、永遠に如来の智慧の光を受け取ることはできません。それに私達は、たくさんの荷物を背負っています。それらを放下《ほうげ》（執着を捨て去る）することです。放下がなった時こそ、壁に穴をあける絶好の時でしょう。それは小さな穴であっても、日常心の外から光が射し込み、「仏日の影、衆生の心水に現ずる」という如来からの「加」の力があらわれ、行者の心水に仏日を感ずる「持」の力がそれを受け止めます。加持、すなわち如来と我々の即（一体観）が実現するのです。すばらしい体験ではありませんか。

個にして弱小なる存在が、全にして永遠なる存在にふれる。そこに広がる光明なる世界こそが、密教の領域でしょう。

妄心流転《もうしんるてん》とするを
即《すなわ》ち衆生染汙《しゅじょうぜんま》の身《み》と名《なづ》け
開発照悟《かいほつしょうご》するを
即《すなわ》ち諸仏《しょぶつ》の清浄法身《しょうじょうほっしん》と名《なづ》く

『秘密三昧耶仏戒儀』（定五・一六六）

迷いの流れに身をまかせれば、
煩悩でけがれた身といわれます。
智慧を発して世界を照せば、
仏としての清浄法身といわれます。

お大師さまの人間観察は実にリアルです。仏さまと私達とは本来一つであるはずなのですが、私達の心は煩悩におおわれて、仏である自分と、煩悩におおわれている自分との間に、大きな乖離《かいり》があるというのです。私達の本当の悩みどころは、ここにあります。釈尊のおさとりは、大乗仏教の展開により、すべての人びとに解放されました。すべての人びとには仏になる可能性（仏性）が平等にあたえられていることが宣言されました。また菩薩達の登場は、すべての人びとを救済しようとする誓願が、まんべんなく私達にそそがれている、というのです。無限に活動されている菩薩達が、私達一人一人の救済に心をくだかれているということを考えてみますと、煩悩の底に沈んで苦しんでいる人びとに、大きな勇気と希望とをあたえるにちがいありません。

お大師さまは、人間とは「染浄の心」の持ち主であり、染の方向、すなわち妄心流転の生き方をすれば、衆生染汗の身というよりなく、浄の方向、すなわち開発照悟に向う意志を定めるならば、諸仏の清浄法身だといわれるのです。むろん、私達の生きる方向は開発照悟のそれでなければなりません。そして、善なる人間関係、社会を作りあげる開発照悟の行為を示されまして、

「誓願します　一切のもろもろの悪をのぞきます

誓願します　最高の教えを学びます

誓願します　すべての人びとを救います

すべての人びとを速やかに無上なるさとりをになっている仏の境界をさとらせます」と。

それ釈教《しゃくきょう》は浩汗《こうかん》にして際《きわ》なく涯《かぎり》もなし
一言《ひとこと》にこれを蔽《へい》すれば
ただ二利《にり》のみ在《あ》り

『御請来目録』（定一・三八）

仏教は広大ではてしないものですが、
一言でこれを言うならば、自利と利他につきます。

仏教とは何か。この重要な質問に、お大師さまは、このようにお答えになりました。すなわち、端的に自利・利他の二利に尽きると。さらに「空しく常楽を願うも得ず。従うに抜苦を許れどもまた難し」と注意を促《うなが》してから、「必ずまさに福智兼《ふくちか》ねて修し、定慧並べ行じて、いましよく他の苦を済《すく》い、自《じ》の楽《らく》を取《と》るべし」と続きます。

さて、ここにいう福智とは、福徳と智慧のことです。それを兼ねて修することについて、『理趣経開題』（定四・一一二）の一文に、次のようにあります。傾聴《けいちょう》にあたいする言葉です。

「もし、善男善女ありて、生死の苦根を断じ、菩提の妙楽にいたらんと欲せば、まずは福智の因を積んで、しかるのち無上の果を感致せよ。福智の因というは、妙経を書写し、深義を講思《こうし》するなり。すなわちこれ智慧の因なり。檀などの諸行は、すなわち福徳の因なり。よくこの二善を修し、四恩を抜済《ばっさい》し、衆生を利益するときは、自利利他の功徳を具し、速《すみや》かに一切智智の大覚を証す。これを菩提《ぼだい》といい。これを仏陀《ぶっだ》と称し、または真実報恩者と名づく」と。

実に明解です。妙経を書写し、深義を講思する。あるいは、布施・持戒などの六波羅蜜《ろくはらみた》の諸行の実践。さらにこの二善をもって四恩（おかげをうけているすべての存在）をすくいとり、一切の生きとし生けるものを利益する。こういうことだというのです。

今を生きている俗なる世間のほかに私達の努力の場はないのだと、強く思うべきなのです。

貧《ひん》を済《すく》うには財《ざい》を以《もっ》てし、
愚《ぐ》を導《みちび》くには法《ほう》を以《もっ》てす。
財《ざい》を積《つ》まざるを以《もっ》て心《こころ》とし、
法《ほう》を慳《おし》まざるを以《もっ》て性《しょう》とす。

『性霊集』第二（定八・三三）

まずしき人は財によって救い、
おろかな人は法によって導く。
財をたくわえることをせず、
法を伝えるのをおしまないことを大切にしています。

この言葉は、お大師さまが、師である恵果阿闍梨の人となりを評したものです。『付法伝』第二に収録されている呉慇《ごいん》という方の「大唐神都青龍寺東塔院灌頂の国師恵果阿闍梨の行状」にも、「大師（恵果阿闍梨）はただ心を仏事に一《もっぱら》にして、意《こころ》を持生《じそう》（生活のため）に留めず。受くるところの錫施（財施）は一銭を貯えず。すなわち曼荼羅を建立し、これが弘法利人を願う」と評しています。まず、すばらしい人格者・宗教者であったことがうかがえます。

恵果阿闍梨は、お大師さまにとっては灌頂の師です。灌頂とは法身大日如来よりの法統を継承するための密教的儀式のことですが、それは、法統を受け取り、そして伝えるという、行位《ぎょうい》を含むものです。真言密教の教をいただくものとしては、仏教がいう成仏とか往生とかいうもののすべてが、その灌頂の意味の中にこめられているといっても過言ではありません。

ですから、その灌頂の担い手である阿闍梨は、法の体現者でなければなりません。法というものは、どこかに漂っているものではありません。法は、人格を通してこの世界に実現・具体化するのです。法というものは人格を通してほかの人びとに伝えられる道理でしょう。

お大師さまにとって、恵果阿闍梨は、まさしく法の体現者その人だったにちがいありません。お大師さまの入唐の成果は、まさしく、すばらしい法に即した人格を備えた恵果阿闍梨との出会いであったことに尽きるということができましょう。法によって鍛えられた人格こそ、阿闍梨の条件にほかなりません。

よろこぶ

若《も》し謂《いわ》く衆生《しゅじょう》にまた本覚法身《ほんがくほっしん》有《あ》り
仏《ほとけ》と平等《びょうどう》なり、此《こ》の身《み》、此《こ》の土《つち》は
法然《ほうねん》として有《う》なるのみ

『声字実相義』(定三・四八)

生きとし生けるもののすべては本来仏であり、
仏と平等なのです。
よってこの身、この土は、
真実なる存在なのです。

これは、お大師さまが教えの根幹を述べられたものです。人びとは本覚法身そのものであり、そして仏と平等であり、この身も、生きる土も真実として有る、ということでしょう。この言葉に続いて、「三界六道の身及び土は業縁《ごうえん》に随《したが》って有《う》なり。是れを衆生の随縁《ずいえん》と名く」と。いってみれば、本来成仏・本来本覚とは、お大師さまが獲得された基本的な立場であり、『即身成仏義』の主題もそのことにほかなりません。しかし、本来成仏・本来本覚ということを自身に問うた時、仏と自分のありかたが、いかに隔絶しているかを思い知らされるでしょう。私の若い頃からの最大の悩みがそれでした。仏であるというあり方から、いかに遠いところに私が居るのであるであろう、と。しかし、現実の私のあり方をそのように認めざるをえないとしても、本来は、本覚・即身成仏であることを放棄することはできません。

お大師さまの考えでは、私達の出発は煩悩具足の凡夫ということから始まるのではなく、本来成仏ということから始まります。しかし、煩悩の海を渡ることには相違するところがないのです。ようするに、煩悩をなくしていくことより、仏道を行ずることで乗り切ろうとする、ということではないでしょうか。仏道を行ずるというと、すぐに三密行がいわれますが、道場の内での修法もさりながら、それは日常生活の場にもつながるものであるということができましょう。『即身成仏義』に、「衆生の三密」とあることに注目すべきです。衆生の身・口・意業はあくまでも三業であるはずで、それをあえて三密といい、仏の行為と衆生のそれを重ねている、ということです。

星《ほし》のごとく玉《たま》のごとくして
黄金《おうごん》の質《しち》なり
香味《こうみ》は簠簋《ふき》に実《み》てるに
堪《た》えたるべし

『性霊集』第四（定八・六一）

星のようであり玉のようであり、
黄金色に輝いています。
香味が籠にみちみちています。

お大師さまは、唐より帰朝されたある時期、乙訓守の別当職に就かれたことがありました。この文は、その折に寺の境内に実った柑橘《かんきつ》（柑子）を嵯峨天皇に奉献した時の表に添えた詩の中の一文です。おそらく弘仁三年（八一二）の秋、お大師さま三十九歳の頃であったと考えられます。ちなみに詩文の全体を紹介しましょう。すばらしいものです。

詩七言

桃李珍《とうりちん》なりと雖も　寒《かん》に耐《た》えず
豈《あ》に柑橘の霜に遇《あ》うて　美なるに如《し》かんや
星の如く玉の如くにして　黄金に質なり
香味は簠簋《ふき》に実《み》つるに　堪《た》えたるべし
太《はなは》だ奇《あや》くして珍妙《ちんみょう》なり　何《いず》くよりか将来《もてきた》れる
定んで是れ天上の王母か　里《さと》ならん

（桃や李〈すもも〉はめずらしい果実であるが寒さには弱い。どうしてみかんが霜にあって美しくなるのにくらべられようか。みかんは星のように玉のようにして、黄金色が本来のこと、その香味は供え物にみち、そこにとどまることがあろうか。はなはだあやしく、珍なり。どこからもたらしたものか、それは天上の王母の里からの贈りものにちがいない）

献上された柑橘類がどのようなものであったのか不明ですが「小柑子六小櫃《ひっ》、大柑子四小櫃」、「数株の柑橘の樹から、数を問えば千に足れり」とあり、その実際を知ることができます。たとえば、夏みかん、今でこそ甘いものですが、少し前までは大変に酸《す》っぱいものでした。献上されたものも大変酸っぱいものだったでしょう。顔をしかめているお二人を想像してしまいます。

即身成仏《そくしんじょうぶつ》の四字《よじ》を歎《たん》ず
即《すなわ》ち是《こ》の四字《よじ》に無辺《むべ》の義《ぎ》を含《がん》ぜり
一切《いっさい》の仏法《ぶっぽう》はこの一句《いっく》を出《い》でず

『即身成仏義』（定三・一九）

即身成仏の四字を考えてみますに、
この四字の中に無辺なる意味が含まれ、
一切の仏法はこの一句を出ることはありません。

即身成仏という言葉を訓読みすると「身に即して仏と成る」となります。考えてみますと、仏と成ることは自分においてのことですから、至極当然といわなければなりません。お大師さまは『即身成仏義』の中で、即身・成仏としか読んでおられません。すなわち、即身と成仏との二段がまえで述べておられます。まず、即身について六大の体大、四種曼荼羅の相大、三密の用大の三大をもって基底とします。この内、四種曼荼羅と三密については各々典拠となるものを見つけることができますが、六大のみ、おそらく、お大師さまの独創であったようです。むろん、三大は『大乗起信論』に負《お》うものですが、それとはまったく相違する形で三大を利用していることがわかります。なかでも、六大について、『即身成仏義』の半分以上を費《つい》やして述べておられます。

ここにそれを深く述べる余裕はありませんが、まず『大日経』『金剛頂経』から同じような趣旨の偈文を引用されます。その内容は、仏教の中心的な課題である縁起観を述べたもので、六大の定義である五大に及び、識となるのに合わせて、いうところの心・身を表したものであり、その背景には、大日如来の真言を配しておられます。これにより六大とは、如来の身・心であり、私達一人一人の身・心で、そうして大日如来の身・心でもあるという、重層的な縁起観を述べておられるということができましょう。そして、その一体観・即身観を、六大の無礙《むげ》、四曼の不離《ふり》、三密の加持《かじ》ということで、より具体的な大日如来と自身との「即身」観を明らかにしておられます。これを基本にして、私達は即身成仏ということを具体的に考えていかねばなりません。

三等《さんとう》の法門《ほうもん》は
仏日《ぶつにち》に住《じゅう》して常《つね》に転《てん》じ、
秘密《ひみつ》の加持《かじ》は
機水《きすい》に応《おう》じて断《だん》ぜず

『性霊集』第七（定八・一〇八）

密教の教えは、三時（過去・現在・未来）を超えて常に説かれ、秘密の加持は、その人の能力に応じて、断ぜられることはないのです。

三等の法門とは、密教を表現する言葉です。三等の三とは、心・仏・衆生のことです。心とは自身の存在、衆生とは私以外のすべての生きとし生けるもの。仏はいうまでもありません。この三が平等だというのです。このことについて、お大師さまは、「和尚告げていわく」とあるように恵果和尚の提唱されたものとし、ご自身の密教において重要な教説としておられます。

秘密の加持とは、これも密教の代名詞であり、大日如来からの働きかけを加持といったにちがいありません。大日如来は、そのおすがたのままに常に説法しておられ、大日如来の加持という活動は、人びとの宗教的能力に応じて常にその働きかけが断ずることがない、ということでしょう。たえず、大日如来よりの働きかけが私達にふりそそがれているという現実を、どのように受け容れてゆけばよいのでしょうか。その方法として、『即身成仏義』の三密加持の説段において、「若し真言行人有りて、此の義を観察し、手に印契を作し、口に真言を誦し、心三摩地に住すれば、三密相応して加持するが故に、早く大悉地を得」と述べておられます。三密加持の実際を指示したものですが、三密活動の場は日常生活です。その総論として、「自他平等にして一切如来の法身と共に、同じく常に無縁の大悲を以て無辺の有情を利楽し大仏事をなす」と。

私達は、大日如来と共に、常に生きるということ、すなわち日常生活こそが大日如来からの働きかけの場であるとして受け容れていかなければなりません。

彼《か》の身《み》は即《すなわ》ち是《こ》れ此《こ》の身《み》
此《こ》の身《み》は即《すなわ》ち是《こ》れ彼《か》の身《み》
仏身《ぶっしん》即《すなわ》ち是《こ》れ衆生《しゅじょう》の身《み》
衆生《しゅじょう》の身《み》即《すなわ》ち是《こ》れ仏身《ぶっしん》なり

『即身成仏義』（定三・二八）

かの身は、この身。
この身は、かの身。
仏身は、衆生身。
衆生身は、仏身です。

警察庁の発表によりますと、二〇一六年一月十八日現在、東日本大震災によって亡くなられた方は、一万五八九四人、行方不明者は二五六三人に上るということです。さらに、岩手・宮城・福島三県で、プレハブ仮設住宅での「孤独死」は、ここ五年で一九〇人を数えるまでに増加し、さらに増えていく状態にあるといわれています。ちなみに、阪神・淡路大震災（一九九五年）では、プレハブ仮設住宅が使われた五年間に「孤独死」した人は、二三三人に上ったということです。実に、東日本大震災においては新たに深刻な事態が展開してきたということができましょう。このような多くの不慮の死を、私達は、あるいは社会は、どのように受け容れてゆけばよいのでしょうか。

ここに掲げた言葉は、「重重帝網《じゅうじゅうたいもう》なるを即身《そくしん》と名づく」という『即身成仏義』の「即身」についての説明です。此の身も、彼の身も、そして仏身も、衆生の身も、「縦横重重《じゅうおうじゅうじゅう》にして鏡中《きょうちゅう》の影像《えいぞう》と燈光《とうこう》との渉入《しょうにゅう》するがごとし」というのです。帝網《たいもう》とは、帝釈天の住む城の上にかかっている網のことで、無限の結び目によって成り立っています。一つの結び目は、そのほかのすべての結び目によって保持されているというのです。つまり、私一人の存在は、教えきれないぐらいのほかの人との相関関係にあるわけです。言い換えると、「我と仏と及び一切衆生と無二無別なり」ということです。すなわち三平等ということでしょう。そしてそれらは六大法身体性所成之身に包含されます。お大師さまの教えの中で、大変に重要な考え方です。私達も、そして社会も、もっと絆を強固にし、連帯を深めていかなければなりません。

東西《とうざい》は龍《りゅう》の臥《ふ》せるが如《ごと》くして
東流《とうりゅう》の水《みず》有《あ》り
南北《なんぼく》は虎《とら》の踞《うずく》まるが如《ごと》くして
棲息《せいそく》するに興《きょう》有《あ》り

『性霊集』第九（定八・一七一）

高野山は、東西は龍がよこたわっているようであり、
東に流れる水があり、
南北は虎がうずくまっているようであり、
住するにはなかなか興味深いところです。

この文は、お大師さまが開創しようとなさった高野山の佇まいを述べたものです。「龍の臥せる、虎の踞《うずく》まる」とは、まさしくこの地上で最も素晴らしい条件を備えた景勝の地であることの証明でしょう。『官符』に記された佇まいをあげてみましょう。

「空地一処、伊都郡以南深山の中に在り。高野と曰う。四至、四方の高山あり。……四至とは東は丹生の川上を限り、南は当河《あてがわ》の南の横峯を限り、西は神匂星川《かんまかりほしがわ》を限り、北は吉野川を限る。また四方の高山とは、東は摩尼峯、南は当河《あてがわ》の南の長峯、西は應神山、北は宇由《うゆ》峯。」とあります。

現在の高野山の佇まいは、山陰加春夫先生の『中世の高野山を歩く』(吉川弘文館、二〇一四年)に、「高野山は標高一〇〇〇メートル前後の峰々と、それらに囲まれた標高八二〇メートルほどの盆地状の平坦地の総称である。平坦地は東西四キロ、南北二・三キロの広がりを持ち、その中央部を南から東に御殿川が貫流する。西部に壇場伽藍、東部に奥之院があり、壇場伽藍・奥之院を除く平坦地には、高野十谷と呼ばれる谷が展開している。」と述べられています。

さて、お大師さまは、高野山が、「今、禅経《ぜんきょう》の説に准《じゅん》ずるに、深山の平地、最も修禅《しゅうぜん》によろし」とあるように、山上に修禅の人びとが多く集まる場となることを期待しておられます。また高野山を八葉の蓮台とも表現しますが、四方を山々に囲まれた平地で瞑想をこらす人びとが雲集するさまは、お大師さまの願いであり、そして現在の高野山の願いでもありましょう。

六大《ろくだい》無碍《むげ》にして常《つね》に瑜伽《ゆが》なり
四種《ししゅ》曼荼《まんだ》各々《おのおの》離《はな》れず
三密《さんみつ》加持《かじ》して速疾《そくしつ》に顕《あら》わる

『即身成仏義』（定三・一八）

如来と私の六大（本体）は、互いにさまたげることなくつながっています。
如来と私の四曼（すがた）は、互いに離れることはありません。
如来と私の三密（活動）は、互いに関係をもち、
すばやくその一体観があらわれます。

六大とは、五大と識大とのことで、私達の身体と心のことです。お大師さまは、人間というものを六大と表現されました。四曼とは、四種曼荼羅のことで、人間の容姿・名称・特徴・働きのことです。三密とは、身体・言葉・心の働きのことです。

そして、体（本体）としての六大は無礙（さまたげることがない）。相（すがた）としての四撞曼荼羅は不離。用（活動）としての三密は加持（相関関係）のことです。

この体・相・用は、なにと無礙・不離・加持なのでしょうか。それは、法身如来と私との関係のことです。すなわち、法身如来と私とは「即」の関係にあるということです。

お大師さまは、本来成仏、すなわち本覚ということを、このようにとらえられたということです。

さて、このように法身如来と私とが「即」の関係にあるとして、それを自身に問いかけてみますと、法身如来とは真逆な煩悩にまみれた自身の存在を、穴のあくほど凝視せざるをえなくなります。恐ろしいことです。本来仏であるとして安閑としてはいられません。本来仏であるということと、そうでない自分との闘《せめ》ぎ合いを通して、如来に帰命するぎりぎりの行動が起こってくるのではないでしょうか。

不変《ふへん》の変《へん》は
刹塵《せつじん》に遍《へん》じて物《もの》に応《おう》ず
応物《おうぶつ》の化《け》は
沙界《しゃかい》に満《み》ちて人《ひと》を利《り》す

『性霊集』第八（定八・一三四）

不変なる大日如来はあえて微塵となって遍在し、人びとの求めに応ずる諸仏諸菩薩は、世界に満ちて人びとを利益するのです。

文中の「不変の変」とは、法身大日如来が〈変〉、すなわち相対的な世間の場にあらわれ出た、ということでしょう。そうすると、「応物の化」とは、諸仏・菩薩の立ちあらわれ出たもので、万物に応同して人びとに利益をあたえてやまない、ということでしょう。また「刹塵・沙界」とは、共に数の無量・無限のことで、それが「遍《へん》し・満《み》ちている」、そして「物に応じ・人を利す」と。お大師さまのお考えでは、法身大日如来と諸仏諸菩薩とは、摂するものと摂せられるものだということができますが、もっと大きく、諸仏諸菩薩を包み込むもの、すなわち、主体としての法身大日如来が摂するものと摂せられるものとを同時にかかえこんでいるのです。言葉を換えれば、四種法身説がそれにあたります。たとえば、不動明王を、ことさらに〈大日大聖不動明王〉ということきです。『秘蔵記』は、一つの例を出して、大日如来と諸仏菩薩の関係を明らかにしています。

一つの立方体を想定して下さい。その立方体の中心に大日如来の光源を置き、その六面に種々な穴を穿《うが》って、その穴から種々の形をした光線を外に射します。三角の穴が不動明王としますと、大日という光源が不動明王として外にあらわれ、丸い穴が阿弥陀如来としますと、大日という光源が阿弥陀如来として外に立ちあらわれてくる、というのです。この喩えによれば、大日如来と諸仏菩薩という二重構造を有する仏身論は、端的に、視覚的に、一気に了解できるはずです。文中に「物に応ず」とありますが、法身大日如来が遍満しているありさまを「物」に応ずるといったものであるにちがいありません。

加《か》とは、諸仏《しょぶつ》の護念《ごねん》なり
持《じ》とは、我《わ》が自行《じぎょう》なり

『秘蔵記』（定五・一四九）

加とは、あらゆる仏がお護り下さり、
持とは、私が発心し修行することです。

仏教では、自心を深く探索するための瞑想を大切にします。瞑想では、自心をある対象に集中し安定させ、より深い世界へと覚醒《かくしょう》させることが重要です。『大日経』は、如実知自心ということを重要なテーマとしている経典です。特に「住心品」第一の内容は、自心探索の過程を詳細に論じています。

密教では、月輪や阿字などを前にして心集中をはかるのですが、確かに自心を見つめる方法としては、有効な方法であるにちがいありません。私も実践してみて実感するところです。

大乗仏教の展開は、仏像の登場を促しましたし、菩薩思想の展開は、私達一人一人に菩薩の誓願が向けられているのは、確かに瞑想を通して受け取られることであるからにちがいありません。

掲げました聖句は、「諸仏護念とは、諸仏の悲願力をもって光を放って衆生を加被《かひ》したもう。自《じ》行《ぎょう》とは、衆生の内心と諸仏の加被と感応の因線の故に、衆生は発心し、修行す」と説明されています。さらに、「加は往来渉入をもって名となし、持は摂して散せざるをもって義を立つ。即ち入我我入これなり」ともあります。

私達には、すべての仏の側からの働きかけが恒《つね》になされている、ということが信仰の源点になるでしょう。心を静め、礼拝し、心集中をはかることこそが、仏との交流にとって重要な方法です。「入我我入、往来渉入」とは、まさしくそのことの内証をいう言葉でしょう。お大師さまが、密教を三摩地門といわれたことも、そこにあります。

如来《にょらい》の教勅《きょうちょく》に依《よ》って
最上《さいじょう》の智慧《ちえ》をもって
乗《じょう》の差別《さべつ》を簡《えら》んで
菩提心《ぼだいしん》を発《おこ》すべし

『三昧耶戒序』（定五・七）

如来のお教えにより、
最上の智慧を駆使して、
お教えの内容をえらんで、
菩提心を発さなければなりません。

このごろ、菩提心ということを考えています。発菩提心《ほつぼだいしん》と読めば、さとりを求める心を発《おこ》すということです。

如来の教えは、もうすでにあたえられているものです。それをどのように自身が受け取っていくのか、という実に厳しい状況のなかで、菩提心ということを問いなおしてみると、すでにあたえられている教えと、それを受け取ろうとする心の間には、静寂の中でというより、激烈な緊張感の中で、推移していくものではないでしょうか。仏をもとめる菩提心とは、静かに自心の中にかもしだされてくるというよりは、教えと自身との対決の中で、強い問いの形としてあらわれでるものではないかと考えます。

私も僧侶の末輩《まっぱい》として七十年を経過しましたが、教えとの対決によって、どれだけのものを受け取ることができ血肉となしえたのか、なんとも心もとないかぎりです。しっかりと教えを受け取った上で、他人《ひと》に何を伝えられるのかと自問自答しますと、暗澹《あんたん》たるものがあります。

「菩提心を因となし、大悲を根となし、方便を究竟となす。これ真言行者の用心なり」(『秘蔵記』)、さらに「菩提心所起の願行及び三業ことごとくみな平等にして一切処に遍ず」(『秘密三昧耶仏戒儀』)とありますが、これらも、教えに立ちむかい、それを知ろうとする強い意志というように、動的にとらえる必要を強く述べておられるのではないでしょうか。『菩提心論』に説かれた勝義・行願・三摩地の実修こそ菩提心の発露であるにちがいありません。

少年《しょうねん》の日《ひ》、修渉《しゅうしょう》の次《つい》で、
吉野山《よしのやま》を見《み》て南《みなみ》に行《い》くこと一日《いちにち》、
更《さら》に西《にし》に向《む》かって去《さ》ること
二日程《ふつかほど》にして一《いち》の平原《へいげん》あり、
名《な》づけて高野《こうや》という。

『高野雑筆集』巻上（定七・一〇〇）

少年の日、山野を修行の場としていた時のこと、
吉野山から南に一日、
さらに西に向かうと、二日ほどのところに平原があり、
高野と呼ばれていました。

『性霊集』第九にも、「空海、少年の日、好んで山水を渉覧《しょうらん》して、吉野より南に行くこと一日、さらに西に向かって去ること両日程にして、平原の幽地あり、名づけて高野という」と、同じ文章が見えます。文中に「少年の日」とあります。お大師さまが二十四歳の時に執筆されたという『三教《さんごう》指帰《しいき》』の序文には、阿国大滝嶽・土州室戸崎の修行地をあげておられますが、おそらくこの頃に高野の地を確認されたのでしょう。大学に入り、中途退学した二十歳代前半頃の行動ではなかったかと想像されます。

最近、総本山金剛峯寺と奈良県吉野町の金峯山修験本宗総本山金峯山寺などとでつくられたプロジェクトチームが、両寺を結ぶ五五・七キロのうち、四四・四キロを二泊三日の行程で踏破し、お大師さまが少年の日に歩いた道を「弘法大師の道」として復活されたそうですが、実にすばらしい壮挙ではないでしょうか。

お大師さまの空白の七年半ということがいわれますが、この吉野から高野山への旅は、確実にその空白を埋めるものにちがいありません。もう一つ、「弟子空海、性熏《しょうくん》我を勧めて還源《げんげん》を思《おもい》とす。径路末だ知らず、岐《ちまた》に臨んで幾たびか泣く」とあるのがこの時期を埋める文章です。還源の思いに、悩みに悩み泣いたお大師さまが、そして「精誠感あってこの秘門を得たり」とあるように、密教の教えを得られたこと、まことにありがたい思いです。

高野の稜線《りょうせん》は、紀の川や淡路島あたりから望見できるのでしょうか、すこぶる興味がわきます。

大同《だいどう》の初年《しょねん》、乃《すなわ》ち着岸《ちゃくがん》することを得《え》て、
即《すなわ》ち将来《しょうらい》するところの経及《きょうおよ》び仏等《ほとけとう》、
使《つかい》の高判官《こうはんがん》に附《ふ》して表《ひょう》を修《しゅう》し
奉進《ぶしん》し訖《おわ》んぬ

『高野雑筆集』巻上（定七・一〇七）

大同元年（八〇六）に帰国することができ、ただちに将来した経論及び仏像・仏画などを目録として、高階真人遠成判官を通して朝廷に提出しました。

この文の内容は、大同元年十月二十二日に奉進した『御請来目録』の「謹んで判官六位上行大宰の大監高階真人遠成に附して奉表以聞す。ならびに請来新訳の経等の目録一巻を且つもって奉進す」に呼応します。現在、この『御請来目録』は、伝教大師最澄さまの端正な写しを見ることができます。文字の配置など、おそらくお大師さまの提出されたものに則したものであろうと想像されます。伝教大師さまという方の真摯《しんし》な姿勢を思い、合掌するのみです。

さて、次に続く文章に「今上（嵯峨天皇）、歴を馭《ぎょ》して（天下を治めて）恩草木に普《あまね》く、勅あって進ずるところの経、仏等を返したまい、兼ねて宣ずるに真言（密教）を伝授せよということをもってす」とあります。お大師さまは、どうやら請来された目録と共に経論なども奉進されたようで、それが返却されたわけです。

素朴に思います。いったい請来された文物は、どのぐらいの量だったのでしょうか。曼荼羅図も法具も入っていたでしょう、それらは、長安からさらに越州において補充されたものの一覧が『御請来目録』に整理され、「今、具に長安城の中において写し復る所の経論疏凡そ三百余軸、及び大悲胎蔵・金剛界等の大曼荼羅の尊容、力を竭《つ》くし財を涸《つ》くして趁《もと》め逐って図画せり」とあるものが、その実体でしょう。中国大陸から海路日本へ、博多から京都へ、と、輸送された経論疏・法具・曼荼羅図を合わせると、どれほどの量になり、どこに保管されたのか。その中から、伝教大師さまの借覧要請に、どのように対応されたのか、すこぶる興味がわきます。

必《かなら》ず彼比《ひし》の至誠《しせい》によって
すなわち感応《かんのう》を致《いた》す

『高野雑筆集』巻下（定七・一一三）

加持感応とは、両者の至誠心によって、
実現するものです。

この言葉の前文に、「一手拍《いっしゅはく》を成さず、片脚歩《へんきゃくあゆ》むこと能わず」とあります。片手では拍手ができませんし、片脚ではなかなか前に進むことができません。両手・両脚は、「彼比」ということにほかなりません。

私は、寺院住職として、施餓鬼会とか春秋彼岸会法要の折に、この言葉を紹介し、行事は一方的に寺院側だけでは成り立たず、檀徒の一人一人が参加されてこそ成り立つものであることを力説いたします。さて、この言葉は、そのようなものにとどまることなく、深く信心の世界にも及ぶものでしょう。「彼比」とは、日常生活上の親子、兄弟、親戚、友人、仕事の仲間、会社の同僚《どうりょう》にいたるまで、さらに仏教者としては、まさしく仏と私のことであるにちがいありません。「至誠」とは、この上なく誠実なこと、まごころのことです。相互《おたがい》のまごころによってこそ「感応《かんのう》」、すなわち自分の信心が仏に通ずるということでしょう。あるいは、仏の大慈悲心が自分の心に及ぶということでしょう。仏からの至誠はすでに私達に向けられているのですから、あとは、自分の至誠を仏に向けることです。

お大師さまの『即身成仏義』にある「加持とは、如来の大悲と衆生の信心とを表す。仏日の影、衆生の心水に現ずるを加といい、行者の心水よく仏日を感ずる持と名づく」とは、実にこのことの道理を示したものでしょう。自分のまごころをもって、他人に対し、または仏と向き合うことこそが、仏教の信心の第一歩であるにちがいありません。

空海《くうかい》、大唐《だいとう》より還《かえ》るとき
数々《しばしば》漂蕩《ひょうとう》に遇《あ》いて
聊か《いささ》一《いち》の少願《しょうがん》を発《ほっ》す

『高野雑筆集』巻上（定七・九九）

私（空海）は、大唐より帰る時に、
しばしば困難にあい、
一つの小さな誓願を発しました。

この文は、布勢海《ふせのあま》という方に宛てた、高野山下賜の上表文の提出を依頼する書状の中の一文です。書状によると、大唐より帰還の船中において発せられた一の少願とは、「帰朝の日、必ず諸天の威《い》光《こう》を増益《ぞうやく》し、国界を擁護《ようご》し、衆生を利済せんがために、一の禅院を建立し、法に依って修行せん」ということでした。お大師さまが帰国されて早や十二年（実際は十一年）の歳月が経過しています。この書状は、弘仁七年（八一六）六月十九日のものと確認されていますから、お大師さまは四十二歳のことであったようです。この一の少願は、具体的に一の禅院（草堂）の建立に結びつくものであり、すでに高野の地が想定されていました。高野の地については、「貧道、少年の日、修渉の次《つい》で、吉野山を見て南に行くこと一日、更に西に向って去ること二日程にして、一の平原あり。名づけて高野という。計るに紀伊国伊都郡《きいのくにいとのこおり》の南に当れり。四面高山にして、人迹敻《はるか》に絶えたり。彼の地、修禅の院を置くに宜《よろ》し」とあり、お大師さまが若き修行者の時代に、すでに確認されていた場所であったようです。

お大師さまが、初めてその地に立たれ、山中の地を望見《ぼうけん》された時の感動を思います。突然《とつぜん》に開けた眺望《ちょうぼう》のただなかに平原が広がっています。そして中央に清冽《せいれつ》な水が勢いよく流れています。四方に山が見渡せます。まるで、大日如来のふところに、すっかり抱かれているように感じられたのではないでしょうか。若い頃のお大師さまが、ここだ、と叫ばれた声が聞こえるようです。真言宗にとって、高野山は修禅の地であり続けるべきです。

ただ空海《くうかい》のみ孑然《けつぜん》として
勅《ちょく》に準《じゅん》じて西明寺《さいみょうじ》の
永忠《ようちゅう》和尚《わじょう》の故院《こいん》に留住《るじゅう》す

『御請来目録』（定一・三五）

ただ一人空海のみが、
天子の命により
永忠和尚の使っていた西明寺の、
一室に留まり住むことになりました。

お大師さまが、漂着した赤岸鎮《せきがんちん》から急ぎに急いで長安城に入られたのが、延暦二十二年（八〇四）十二月二十三日のことでした。正月元旦には、大使一行は含元殿《がんげんでん》において朝賀《ちょうが》の儀がありましたが、その時の皇帝徳宗は二日に体調をくずされ、十三日には崩御《ほうぎょ》される事態となります。

このような中で、遣唐大使《けんとうたいし》藤原葛野麿《かどのまろ》一行は、二月十日には長安城を辞することになりました。そのことにつき、『御請来目録』には「廿四年仲春十一日、大使ら軔《ながえ》を本朝に旋《めぐ》らす。ただ空海のみ孑然《けつぜん》として勅《ちょく》に准《じゅん》じて西明寺《さいみょうじ》の永忠和尚《ようちゅうわじょう》の故院《こいん》に留住《るじゅう》す」とあります。文中の「孑然」とは孤独のさまで、「孑」はひとりのことです。「故院」の故にはふるい、いにしえの意味があり、文の流れでは永忠和尚がもと住んでおられた西明寺の一室ということになりましょう。

永忠和尚は在唐三十年の長きにわたった方とされていますが、はたして永忠和尚が以前に住んでおられた室に入ったということなのか、永忠和尚が大使の帰国と共に室を出て、入れかわりに入居されることになった室なのか、永忠和尚の帰国が不明ですから、このような疑問がわいてきます。永忠和尚がすでに帰国されていたとすれば、入唐以前のお大師さまとの接点が考えられますし、入れかわりの際の出会いであったとしても、いち早く長安仏教の実情を聞くことができたにちがいありません。帰国後のお大師さまと永忠和尚との交流が認められることからいえることです。よって、お大師さまと恵果和尚との劇的な出会いも、すでに用意されていたものなのかもしれません。

遠《とお》きを柔《なつ》くるの恵《めぐみ》を垂《た》れ
隣《となり》を好《よみ》するの義《ぎ》を顧《かえり》みて
その習俗《しゅうぞく》を縦《ほしいまま》にして
常《つね》の風《ふう》を恠《あや》しまざれ

『性霊集』第五（定八・八〇）

遠来の使いをやさしい心でおむかえ下さい。
隣国と修好することをかえりみて、
日本人の習俗を認めて下さい。
それは常のものとしてあやしまないで下さい。

怒濤《どとう》にもまれること三十四日間、航海というより漂流であったでしょう。やっとの思いで福州長渓県の赤岸鎮《せきがんちん》に、遣唐使船というより難破船の様子で漂着した船を、地方の役人がいぶかったのは当然でした。大使の藤原葛野麿《かどのまろ》（賀能）は、すぐさまに文書を州の長官に送ったものの、黙殺されてしまいます。そして船は封鎖され、乗員はすべて浜辺に捕《とら》えられてしまいます。

思い余った大使は、「切愁の今なり。抑々《そもそも》、大徳《だいとく》は筆の主なり。書を呈せよ」とお大師さまに呼びかけられ、成ったのが「大使福州の観察使に与ふるが為の書」であり、掲げた文章は、その中の一文です。私の友人の中国人研究者は、中国人でもこれほど素晴らしく見事な文章は書くことができないと称讃を惜しみません。文章家としてのお大師さまの最高傑作ということができましょう。

私などは、小さな文章を書くのにも辞典を手離すことができないのですが、おそらく資料も辞典も手元にない状況で、よくもこのような文章を書かれたものだと、ただ驚嘆するのみです。入矢義高先生は、『求道と悦楽――中国の禅と詩――』（岩波書店、一九八三年）において、「中国人の一般的な考え方として、詩にせよ文にせよ、その作品としての完成度は、その作者の人間としての成熟度と常に相即する」といわれましたが、まさしくお大師さまは、この文章により、中国で素晴らしい人物という評価を獲得したにちがいありません。

ここに掲げた文章は説明を必要としませんが、昨今の中国と日本とのぎくしゃくした関係に鑑《かんが》みて、お大師さまが言い放った一言《いちごん》ととってみることにしましょう。

少欲《しょうよく》の想《おも》いはじめて生《しょう》じ
知足《ちそく》の心《こころ》やや発《おこ》る

『十住心論』第二（定二・六一）

少欲の必要性を思いはじめ、
満足の心が少しおこってきました。

昨年の三・一一以来、日本人の生き方に変化が出てきているといわれています。小学校の先生をしている友人が、確かに若いお母さんに変化が見られるといっています。

便利さにかまけて、いつのまにか日本列島に五十余基の原発ができていたなんて、まったく迂闊《うかつ》でした。便利でクリーンという名のもとに電気が生活の隅々にまで及び、家には夥《おびただ》しい家電製品があふれ、高級感ただようオール電化のマンションが乱立しています。生活の便利さの追求が処理不可能なものに依存しているなんて、まったく愚かなことであったといわざるをえません。

東日本大震災や原発事故に見舞われた社会に対して、仏教界から「少欲知足」という言葉が投げかけられていますが、それは便利さに慣れきっている現代人に向かっての戒めの言葉でしょう。

たしか、京都の苔寺《こけでら》の庭の縁側の近くにある手水鉢に、口を中心として、上に「五」、右に「隹」、下に「止」、左に「矢」の「吾唯だ足るを知る」と読める蹲《つくばい》があったように記憶しています。これも人びとへの戒めの言葉でしょう。お大師さまが考えられた心品転生界《しんぼんてんしょうかい》の第二住心に、ここに掲げた言葉がありますが、それに第十住心の階位を定めてあるのは、その「少欲知足」ということを出発として、宗教的な世界がより深化してゆくための足がかりとせよということでしょう。

私達が自然災害や原発事故、そして社会の激変がもたらす困難に対処する方法は、なんとかして心と身体とに少しの余裕を持つことでしょう。その少しの余裕の中に、深い宗教的な世界が展開していくものではないでしょうか。

身《み》は花《はな》とともに落《お》つれども
心《こころ》は香《こう》とともに飛《と》ぶ

『性霊集』第八（定八・一三一）

身体は花とともに、地に落ちてしまいますが、
心は香とともに、仏の世界に飛んでゆくのです。

この優しい文は、「藤左近将監《とうさこんのしょうかん》、先妣（亡母）のために三七の斎《とき》を設くる願文」の中にあります。前文に「朝に閻浮《えんぶ》（この世間）を厭《いと》い、夕に都率《とせつ》を欣《ゆか》う」とありますから、この身は花のごとくに死滅してしまったが、その心は香煙に従って弥勒菩薩のおわすお浄土に飛んでいかれた、ということを述べたものでしょう。「心は香とともに飛ぶ」とは、なんとすばらしい表現ではありませんか。

お大師さまは、『即身成仏義』という著述に、六大ということをあげておられます。六大とは五大と識大とである、と定め、五大とは地・水・火・風・空のこと、ようするに万物を構成する五要素のことです。それに識《こころ》を加えて六大というのです。いうならば、六大とは身体と心とを備えている人間自体をいうと同時に、法身大日如来そのものをも指示するものです。さらに、六大ということを述べる根拠に、『大日経』と『金剛頂経』との、同じ趣旨の偈文を取り出しますが、二つの偈文の意味は、仏教の中心的基調である縁起の様相を説いています。ですから、六大という言葉で法身大日如来、そして私、さらには縁起法をも、同時にあらわしていることになります。六大法身といったり、六大縁起といったりすることも、間違いではありません。

六大の当体である私は、その生死に関係なく六大そのものなのですから、もし死が訪れたとしても、身体は五要素に分解して、心と共に法界に遍満しておられる法身大日如来と一つになるものと、私はひそかに思っています。

遠《とお》くして遠《とお》からざるは
すなわち我《わ》が心《こころ》なり
絶《た》えて絶《た》えざるは
これ吾《わ》が性《しょう》なり

『性霊集』第六（定八・九四）

遠くであって遠くないのは、私の心です。
絶えても絶えないのは、私の仏性です。

三・一一の大震災、そして原発事故のすさまじい光景は、今でも眼前にあります。圧倒的な自然の力は、多くの人びとの人生を一挙に粉砕《ふんさい》しました。目に見ることのできない恐ろしい放射線がたえず降り注いでいます。これは、東北・関東の限定された地域の問題ではなく、日本全体に、そして地球に大きくかかわることでしょう。たとえば、クリーンで快適、そんなキャッチフレーズで売り込んだ、乱立するオール電化の超高層マンションは、電気が止まればどのようなことになるでしょう。便利で快適、そんなことの根源を原発が担っている現実を考えなければいけません。

しかし、私達はこのような悲惨な状況の前にただ立ち竦《すく》んでいるわけにはいきません。私達は、一人一人の生き方に深い反省を加え、新しい生き方を構築しなければならないのです。

この生き方の深刻な内容は、人をして宗教的な世界に心を向かわせるものです。すなわち、心の探究《たんきゅう》です。お大師さまは『般若心経秘鍵《はんにゃしんぎょうひけん》』の中で、「それ仏法《ぶっぽう》はるかにあらず、心中《しんちゅう》にしてすなわち近《ちか》し。真如外《しんにょほか》にあらず、身《み》を棄《す》てていずくんか求《もと》めん」と述べておられます。ここに掲げた言葉は、それをさらに一歩進めたものです。

ここにいう「我が心」「吾が性」とは、私達が平等にもっている我が仏心《ぶっしん》であり、吾が仏性《ぶっしょう》であるにちがいありません。現在のこのような厳しい現実の前に、我が仏心は遠く、吾が仏性は絶えてしまっているかに見えてしまいますが、いや、近くにあり、絶えることがないのです、というお大師さまの言葉を、いま一度、心に響かせることが必要でしょう。

春《はる》の華《はな》、秋《あき》の菊《きく》、笑《わら》って我《われ》に向《むか》えり、
暁《あかつき》の月《つき》、朝《あさ》の風《かぜ》、情塵《じょうじん》を洗《あら》う

『性霊集』第一（定八・一七）

春の華、秋の菊は、笑って私をむかえてくれています。
明けの月、朝の風は、情念を洗い去ってくれます。

この文は、「山中に何の楽かある」という文の一句です。お大師さまは、もともとその心底に、自然児的な心情をたっぷりと、たたえもたれていた方でした。

掲げました文言は、堂内に端座して瞑想の中で呟《つぶや》かれた言葉というよりは、山野を跋渉されていたお大師さまの心情の吐露《とろ》ではないでしょうか。同じ文章の中に、「澗水《かんすい》一杯朝に命を支え、山霞《さんか》一咽夕に神《たましい》を谷《やしな》う（谷川の水を朝に一杯飲んで生命《いのち》をささえ、山の霞を夕にひとのみして、たましいをやしなう）」とあるのも、山野に身心を鍛えた暁の言葉にちがいありません。

私にも山歩きの趣味があります。夏の一日、低い山を一人で歩いていると、大きな自然の内に包まれて、なんとも穏《おだ》やかな気分になり、肩にとまってくれたトンボに感謝をしたい気持になってきます。ありがたいと思うのです。「春の華、秋の菊、笑って我に向えり」とは、そうだ、そうだ、まったくそうだと共感するのみです。生きてきて、そしてお大師さまの心に添うことができたと、ただ感謝するのみです。

私達は、お大師さまを、弘法大師として崇めるのが常です。しかし、天長元年（八二四）四月六日、五十一歳になられたお大師さまに、小僧都に任ずるという天皇の勅書が下りましたが、それを辞するための表を草されました。「空海、二十歳より五十歳に及ぶまで、山林を住家とし、瞑想を修することに余念がありませんでした。世の中のことにうとく、それにたずさわることが苦痛です」と述べておられます。沙門、山林修行者としてのお大師さまを思います。

顕教《けんぎょう》はすなわち
三大《さんだい》の遠劫《おんごう》を談《だん》じ、
密蔵《みつぞう》はすなわち
十六《じゅうろく》の大生《たいせい》を期《き》す

『御請来目録』（定一・一八）

顕教は成仏に至るまで三劫という永い時間を必要としますが、密蔵は、十六大菩薩の瞑想によって成仏するのです。

お大師さまは、延暦二十三年（八〇四）七月に入唐され、在唐すること二ヶ年にして、大同元年（八〇六）八月に無事帰国されました。そして、その帰朝報告として、十月二十三日に『御請来目録』を朝廷に奏進されました。掲げた言葉は、その中に述べられているものです。『御請来目録』は文字通り「目録」ですが、二十四歳執筆の『三教指帰《さんごうしいき》』に次ぐ著書といってよいほどの重要なものです。

ここでは、すでに完全に密教という立場を獲得されているといってよいでしょう。すなわち、顕教と密教との比較を通して密教の特色を述べるものです。そのテーマは、成仏の遅速ということでした。同じ『御請来目録』に「心を顕教に遊ばしむれば三僧祇《さんそうぎ》（三劫＝永い時間）眇焉《べつえん》（はるか）たり。身を密蔵に持れば、十六生甚だ促《すみやか》なり。頓が中の頓は密職これに当れり」、この文の直前には「一心の利刀を翫《もてあそ》ぶは顕教なり。三密の金剛を揮《ふる》うは密蔵なり」ともあります。顕教を心に、密教を身に充てていることに注意して下さい。成仏の速疾《そくしつ》なることを密教の特色としますが、すでに即身成仏ということをしっかりと視野《しや》に入れておられます。後の『即身成仏義』の中で、そのことが充分に論じられますが、お大師さまは、在唐時にすでに密教の独自性をしっかりと、ご自身の立場として確立しておられたと考えられます。

お大師さまが、恵果阿闍梨より授けられた灌頂とは、ただたんに心の問題ではなく、ご自身の全存在にかかわるものであったはずです。お大師さまの真情を思います。

この法《ほう》はすなわち仏《ほとけ》の心《こころ》　国《くに》の鎮《しずめ》なり。
氛《ふん》を攘《はら》い、祉《さいわ》いを招《まね》くの摩尼《まに》、
凡《ぼん》を脱《まぬが》れ聖《せい》に入《い》るの嘘径《きょけい》なり

『性霊集』第五（定八・八六）

密教の教えは仏の心、国を平和にします。
悪気を消しさり幸福を招く宝珠は、
凡夫より聖人となるための近道です。

これは、お大師さまが二十年間にわたる留学を切り上げ、早く帰国することを希望された「本国の使と共に帰らんと請う啓」の中の一文です。留学僧として二十年の留学期間が決められていますが、この一年ですでに密教の法を一心によく体得することができました。ついては、明月の光り輝くような宝珠（密教）を早く国に持ち帰り、天皇の勅命に答えたいのです、と「久しく他郷（中国）に客たりとも、頸《くび》を皇華に引かん（首を長くして遣唐使船の来るのを待っていたならば）、白駒《はく》（歳月）過ぎ易く黄髪いかんがせん」との思いから、遣唐使、高階真人遠成に提出された文章でした。文中の「この法」とは、むろん恵果阿闍梨より授かった密教の法でしょう。お大師さまが中国密教として展開しておられた法について、おそらく初めて述べられたものです。

仏教とは、本来、凡を脱れ聖に入るというごとく、個としての人間が内面の煩悩と対峙《たいじ》し、やがてそれを克服して聖人（覚者）となるということが主題であったはずです。大乗仏教が中国の高い文化の土壌に定着するためには、もまれにもまれ、中国的な展開がなされなければなりませんでした。

特に唐代の仏教は、玄宗皇帝の守護のもとに、不空三蔵（七〇五〜七七四）の活躍によって密教が大いに隆盛を迎えることになりました。お大師さまは、ご自分の相承された法を「仏の心、国の鎮《しずめ》なり。氛《ふん》（わざわい）を攘《はら》い、祉《さいわ》いを招くの摩尼《まに》」と表現されましたが、弘仁元年（八一〇）三十七歳の時の文章にも、授けられた法は、「七難を摧滅《さいめつ》し、四時を調和し、国を護り、家を護り、己を安んじ、他を安んず」と述べておられます。

六塵《ろくじん》はよく溺《おぼ》るるの海《うみ》
四徳《しとく》は帰《き》する所《ところ》の岑《みね》なり
已《すで》に三界《さんかい》の縛《ばく》を知《し》んぬ
何《なん》ぞ纓簪《えいしん》を去《す》てざらん

『三教指帰』巻下（定七・八六）

感覚の世界は人びとを溺《おぼ》らせる海であり、
さとりの境界こそが、帰依すべき峰です。
今や三界が苦しみの束縛であることを知りました。
どうして俗服を脱ぎ捨てないことがありましょうか。

この言葉は、『三教指帰《さんごうしいき》』の末尾、十韻の詩の最後の句です。さとりの世界こそが私達の帰りつくところです、どうして俗世間（纓簪《えいしん》）のしがらみを捨て去らないことがありましょうか、ということでしょう。

お大師さまは、『三教指帰』に登場する仮名乞児の言葉に託して、ご自身のことを述べておられます。私の家の資産はとぼしく、家屋は倒壊しかけている。二人の兄はつぎつぎと亡くなり、親族はみな貧しく、涙は幾すじも頬を流れる、と。そうであるならば、優秀な真魚《まお》少年によせる一族の期待も大きなものであったはずです。母方の伯父の阿刀大足先生も大きな期待のもとに厳しい指導をしていたにちがいありません。しかし、ある一人の沙門との出会いによって、お大師さまは大学を中退し、一人の仏教修行者として生きるという大転換をすることになります。まわりの人びとは危惧《きぐ》をいだき、反対したにちがいありません。そして、その急先鋒は先生の阿刀大足であったでしょう。「ここに一多の親識《しんしょく》あり、我を縛するに五常（人としての道）の索をもってし、我を断《ことわ》るに忠孝（道徳）に乖《そむ》くということをもってす」というように。

ここに掲げた言葉は、お大師さまの出家の決意宣言です。三教の比較論を戯曲の体裁にして自己の思想遍歴の軌跡を述べ、それをもって内外にご自身の出家の心境を述べているなんて、なんともお大師さまらしいですね。

心《こころ》を洗《あろ》うて香《こう》とし、
体《からだ》を恭《つつし》しんで花《はな》とす

『性霊集』第八（定三・一五三）

まことの信心を洗って香とし、
身体もってうやうやしく花とする。

私達は、日常生活の中で、仏を念じ、先祖をうやまい、亡き人を弔う際に、人間のする最も清浄な姿勢である「合掌」をいたします。これは、最も重要な宗教的行為の一つです。
詩人・高田敏子さんの、合掌についてのすばらしい詩があります。

神さまや　仏さまが
ほんとうにいらっしゃるかどうか——
でも　あの合掌したときの安らぎは
どこからくるのでしょう

右の手の悲しみを
左の手がささえ
左の手の決意を
右の事がうけとめる
その上を流れる静かな時間
こうした姿勢を教えて下さったのは
どなたでしょう

ふりむくと青い目の外人さんも
手を合わせて……
小さな小さな観音さまと
なにをお話したことやら

「浅草観音」（『月曜日の詩集』河出書房新社、一九六二年、所収）

以前、合掌は清浄なる仏の右の手が、迷える不浄なる左の手をささえるものである、と聞いたことがありました。普段なにげなくおこなう合掌という行為には、このような世界がこめられているのだ、と感じ入ります。

このお大師さまの言葉は、合掌のもっと奥底をいうものにちがいありません。密教事相の中に、塗香《ずこう》・華鬘《けまん》・焼香《しょうこう》・飲食《おんじき》・燈明《とうみょう》の印契、真言の五供養が示されています。私は、外から仏さまをお参りする場合、合掌はもちろんですが、特に燈明と焼香の真言を誦し、印契を結びます。

一言用語解説・索引

【ア】

阿字／あじ
ア(阿)は一切の言説・音声の根本である。さらにすべての教法の根本であり、大日如来の象徴とされている。……94・95・197

『吽字義』／うんじぎ
即身義・吽字義・声字義の三部書の一つ、空海思想の中心をなす。吽字を字相・字義に分けて考察し、その字義を解することが密教の理解となる。……36・135

【カ】

月輪／がちりん
円相のこと。心集中のための対象となるもので、心月輪ともいう。心を清浄な月にたとえたもの。……197

行願門／ぎょうがんもん
菩提心論は勝義・行願・三摩地の三部分によって構成されている。その中の行願菩提心のこと。……78・79

恵果／けいか
真言宗付法の第七祖。恵果阿闍梨。入唐した空海が灌頂を受けた師である。……53・59・89・105・113・123・125・127・131・168・169・177・187・209・221・223

現図胎蔵生曼荼羅／げんずたいぞうしょうまんだら
図画で表現された大日経に基づく曼荼羅世界。空海が請来した。……137

『高野雑筆集』／こうやざっぴつしゅう
空海の遺文のうち、特に七十四の書簡類を集めたもの。……38・57・76・82・200・202・204・206

『御請来目録』／ごしょうらいもくろく

空海著。一巻・八〇六年。唐から持ち帰った新訳の経典二百十六部・四百六十一巻や曼荼羅ほか、仏具類を書き記した目録。……65・97・122・126・174・203・208・209・220・221

金剛薩埵／こんごうさった

普賢菩薩と同体ともいわれる。真言宗付法の第二祖。第一祖の大日如来の説法を最初に聞き、第三祖の龍猛菩薩に授けた菩薩。……113・131・153

金剛智／こんごうち

真言宗付法の第五祖。特に金剛頂経系の密教を伝えた。不空の師である。……112・113・131・153

『金剛頂経』／こんごうちょうぎょう

『大日経』と並ぶ真言密教の根本経典。合わせて両部大経という。龍猛が南天鉄塔にて金剛薩埵より授けられた経で、十八会の経典の集まりとされる。特に初会を指す。空海は、初会以外の金剛頂経系の多くの儀軌も含めて『金剛頂経』と称している。……53・85・113・159・185・215

『金剛頂経義訣』／こんごうちょうぎょうぎけつ

正式には、『金剛頂経大瑜伽秘密心地法門義訣』。『金剛頂経』の唯一の注釈書である。龍猛が南天鉄塔で経文を得たことを伝える唯一の資料。……153

【サ】

『三教指帰』／さんごうしいき

空海二十四歳ごろの著作。三巻・七九七年。戯曲風に書かれた、儒教・道教・仏教の優劣を論じる比較思想論で、最終的に仏教が優れていると説く。自らを登場人物のモデルとし、出家をいさめる親族への出家宣言書ともいえる。……67・118・119・128・129・201・221・224・225

三大／さんだい

六大・四曼・三密を三大という。本体・様相・行動のこと。……151・185・220

三摩地／さんまじ
心を集中させ妄念より離れること。諸仏の悟りの内容や、衆生が本来もつ清浄な心を指す。つまり、瞑想のこと。……45・51・99・187・199

三摩地法門／さんまじほうもん
瞑想して三密（身・口・意＝身心すべて）の修行をすること。密教の呼称でもある。……51

三昧耶／さんまや
平等、本誓（すべての仏の救い）などの意味がある。……151

三昧耶戒序／さんまやかいじょ
空海著。真言教者にとって最も重要な戒律である三昧耶戒について述べたもの。著作年不明。……75・198

四曼／しまん
大曼荼羅・三摩耶曼荼羅・法曼荼羅・羯磨曼荼羅の四種の曼荼羅を指す。密教の宇宙観を四種の曼荼羅で説明したもの。……85・185・192・193

『十住心論』／じゅうじゅうしんろん
詔勅によって空海が選した。十巻・八二四～八三四年。『秘密曼荼羅十住心論』の略称。真言密教の立教開宗かつ、教義の根本を示した書。広論とされる本書に対し、略論として『秘蔵宝鑰』があり、同様に十住心思想を説く。……33・37・43・94・155・212

十善戒／じゅうぜんかい
一般に仏教修行者が行うべき十の徳目。密教では菩提心戒（悟りを求めるための戒）の基本となるもの。……45

『声字実相義』／しょうじじっそうぎ
空海著。略して『声字義』とも。『即身成仏義』『吽字義』とともに三部書とされる真言教学の重要な著作で、声字の実相（具実相）を論じたもの。……180

『性霊集』／しょうりょうしゅう
弟子の真済が空海の詩文を編纂した書物。正式には『遍照発揮性霊集』。空海の行動を知る上で重要なもの。……22・24・26・30・32・46・48・52・54・56・60・64・66・70・72・74・80・88・89・90・92・96・100・102・104・106・112・116・120・124・130・131・136・144・148・156・160・162・168・176・182・186・190・194・201・210・214・216・218・222・226

諸開題／しょかいだい
経典の題目を解釈し、法要などの場で読誦されたもので、二十五種ほどある。……51

善無畏／ぜんむい
真言宗伝法の第五祖。大日経を訳した。弟子に『大日経疏』を著した一行がいる。……112・113

綜藝種智院／そうげいしゅちいん
空海が建てた我が国最初の教育機関。現在、種智院大学がその精神を伝える。……23・47・103

即身成仏／そくしんじょうぶつ
この世に生きたまま、私が如来と即身となること。……41・181・184・185・221

『即身成仏義』／そくしんじょうぶつぎ
空海著。略称は『即身義』。『声字実相義』『吽字義』と合わせて三部書の一つといわれるもの。真言密教の根本教義である即身成仏を提唱した書物。……79・99・121・165・170・181・184・185・187・188・189・192・205・215・221

【タ】

『大日経』／だいにちきょう
善無畏訳。『金剛頂経』と合わせて両部大経として重視される。特に「住心品」第一は空海密教の重要な根拠となった。……57・85・113・133・151・159・185・197・215

『大日経疏』／だいにちきょうしょ
善無畏口述・一行記。大日経の前六巻三十一品の注釈書、二十巻。大日経の注釈書中、最も重要な注釈書であり、空海密教の重要な根拠となった。……57・99・113

【ナ】

南天の鉄塔説／なんてんのてっとうせつ
密教は龍猛が南天鉄塔から経典を広めたとされるが、鉄塔の実在に関する理塔・事塔の二説がある。理塔説とは、龍猛の内心を例えたものと考える説。事塔説とは、鉄塔が実在し、その中から金剛薩埵より経典を授けられたとする説。
……153

【ハ】

『般若心経』／はんにゃしんきょう
『仏説摩訶般若波羅蜜多心経』の略称。空海は般若菩薩の内証（悟りの境地）を説いたものと解している。
……25・51・95・169

『般若心経秘鍵』／はんにゃしんぎょうひけん
空海著。密教の立場から、『般若心経』は、般若菩薩の大心真言三摩地法門を説いたものとされ、すべての仏教の真実が込められているという。
……142・146・217

『秘蔵記』／ひぞうき
真言密教の事相（実践面）と教相（教学面）にわたり解説したもの。メモランダム風のもので、重要書である。空海かそれに近い人がかかわったとされる。
……98・195・196・199

『秘蔵宝鑰』／ひぞうほうやく
空海の代表的著作の一つ。略して、『宝鑰』とも。三巻。先に執筆された広論の『十住心論』に対し、略論や略本と呼ばれる。同様に十住心思想を説いている。
……28・34・42・86・87・107・132・134・140・155・164

『秘密三昧耶仏戒儀』／ひみつさんまやぶっかいぎ
空海著。一巻・八一二年。三昧耶戒を授ける儀式作法について説いたもの。
……84・172・199

不空／ふくう
真言宗付法の第六祖。中国の四大翻訳家の一人であり、多くの金剛頂経系の経典を訳した。不空が入滅した六月十五日に、空海が誕生している。
……61・113・131・223

『付法伝』／ふほうでん

空海著。真言宗の教法が伝えられた経路を示す書。密教の付法を明かし、七祖の伝記を記す。広本『秘密曼荼羅教付法伝』・略本『真言付法伝』の二書がある。……62・138・152・177

普門／ふもん

大日如来を普門という場合、諸宗は各一門ということになる。よって密教は普門の教えであるとする。……37・150・151

『弁顕密二教論』／べんけんみつにきょうろん

空海が、顕教（密教以外の宗派）と密教の相異を論じた書。二巻、単に『二経論』とも。すべての仏教は密教の一部を説いたもので真言密教に含まれていることになり、即身成仏を中心とすることから密教が勝っているとしている。……50・154・155・158・159

遍法界／へんほっかい

法身仏大日如来の功徳が一切の世界にあまねく行きわたること。……115

『菩提心論』／ぼだいしんろん

龍猛著・不空訳とされているが、不空自身の著とも考えられる。菩提心を発して、勝義・行願・三摩地という悟りの行を修行せよと説く書。……57・199

【マ】

名徳／めいとく

名声が高く徳行のあること。また、その人。僧侶の尊称として用いることが多い。……127

【ユ】

遺誡・遺誨／ゆいかい

先師が弟子達に遺された、守るべき訓戒のこと。……44・45・123

【ラ】

『理趣経』／りしゅきょう

般若経の系統の中で、時代とともに密教化した般若経の一つ。讃誦経典としての性格も持ち、真言宗では様々な法要に用いられる。空海は金剛頂経の経典として位置づけており、その内容を『理趣釈』とともに重要視している。……137

『理趣経開題』／りしゅきょうかいだい
空海が『理趣経』を解説した書。弟子帰命・生死の河・将釈此経の三巻があり、講話に際して経題の大意を明瞭に述べている。……175

龍猛／りゅうみょう
真言宗付法の第三祖。龍樹と同一人物とされる。金剛薩埵から密教を授かり、南天鉄塔から経典を広めた人物。……113・131

六大体大／ろくだいたいだい
六大とは地・水・火・風・空の五大と識大とをいう。体大とは、仏の本体のこと。……165

福田亮成（ふくだ　りょうせい）

1937年東京に生まれる。東洋大学文学部仏教学科卒業。川崎大師教学研究所所長、文学博士、などを経て、現在、大正大学名誉教授、種智院大学客員教授、真言宗智山派成就院長老。
著書は、『理趣経の研究――その成立と展開――』（国書刊行会）、『空海思想の探究』（大蔵出版）、『空海要語辞典Ⅰ～Ⅳ』『弘法大師が出会った人々』（以上、山喜房佛書林）、『新・弘法大師の教えと生涯』『弘法大師の手紙』『コトバのまんだら（１～４）』（以上、ノンブル社）、ほか多数。弘法大師空海著作の現代語訳も数多く手がける。

弘法《こうぼう》大師《だいし》空海《くうかい》のことば一〇〇
行動《こうどう》と教《おし》え

二〇二三年三月二一日　初版第一刷発行

著　者　福田亮成
発行者　西村明高
発行所　株式会社　法藏館
京都市下京区正面通烏丸東入
郵便番号　六〇〇-八一五三
電話　〇七五-三四三-〇〇三〇（編集）
〇七五-三四三-五六五六（営業）

装幀者　熊谷博人
印刷・製本　中村印刷株式会社

ISBN978-4-8318-6072-9 C0015